essentials

essentials liefern aktuelles Wissen in konzentrierter Form. Die Essenz dessen, worauf es als „State-of-the-Art" in der gegenwärtigen Fachdiskussion oder in der Praxis ankommt. *essentials* informieren schnell, unkompliziert und verständlich

- als Einführung in ein aktuelles Thema aus Ihrem Fachgebiet
- als Einstieg in ein für Sie noch unbekanntes Themenfeld
- als Einblick, um zum Thema mitreden zu können

Die Bücher in elektronischer und gedruckter Form bringen das Fachwissen von Springerautor*innen kompakt zur Darstellung. Sie sind besonders für die Nutzung als eBook auf Tablet-PCs, eBook-Readern und Smartphones geeignet. *essentials* sind Wissensbausteine aus den Wirtschafts-, Sozial- und Geisteswissenschaften, aus Technik und Naturwissenschaften sowie aus Medizin, Psychologie und Gesundheitsberufen. Von renommierten Autor*innen aller Springer-Verlagsmarken.

Weitere Bände in der Reihe https://link.springer.com/bookseries/13088

Günter Vornholz

Der Immobilien-Investmentmarkt

Relevante Werttreiber und Perspektiven

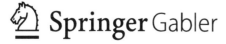
Springer Gabler

Günter Vornholz
EBZ Business School GmbH
Bochum, Deutschland

ISSN 2197-6708   ISSN 2197-6716   (electronic)
essentials
ISBN 978-3-658-36553-0   ISBN 978-3-658-36554-7   (eBook)
https://doi.org/10.1007/978-3-658-36554-7

Die Deutsche Nationalbibliothek verzeichnet diese Publikation in der Deutschen Nationalbibliografie; detaillierte bibliografische Daten sind im Internet über http://dnb.d-nb.de abrufbar.

Planung/Lektorat: Guido Notthoff
Springer Gabler ist ein Imprint der eingetragenen Gesellschaft Springer Fachmedien Wiesbaden GmbH und ist ein Teil von Springer Nature.
Die Anschrift der Gesellschaft ist: Abraham-Lincoln-Str. 46, 65189 Wiesbaden, Germany

Was Sie in diesem *essential* finden können

- die Darstellung der Strukturen des institutionellen/gewerblichen Teils des Immobilien-Investmentmarktes
- die Entwicklung dieses Marktes in Deutschland
- wesentliche Werttreiber für die Preisentwicklung der Immobilien
- die Perspektiven des Immobilien-Investmentmarktes nach der Corona-Krise

Inhaltsverzeichnis

1 Einleitung 1

2 Strukturen des institutionellen Immobilien-Investmentmarktes 3
   2.1 Investoren am Immobilien-Investmentmarkt 5
      2.1.1 Institutionelle Investoren 6
      2.1.2 Semiprofessionelle Investoren 9
      2.1.3 Private Investoren 10
   2.2 Ziele und Strategien der Marktteilnehmer 10
      2.2.1 Ziele 10
      2.2.2 Strategien 11
   2.3 Transaktionsarten 12
   2.4 Gehandelte Immobilienobjekte 13

3 Entwicklung des deutschen institutionellen
  Immobilien-Investmentmarktes 15
   3.1 Transaktionsvolumen/Umsatz 15
   3.2 Kaufpreise 19
   3.3 Renditen und Faktoren 22
   Literatur 24

4 Relevante Werttreiber am Immobilien-Investmentmarkt 25
   4.1 Objektbezogene Werttreiber 26
   4.2 Nutzungsmöglichkeiten als Werttreiber 28
   4.3 Investmentmarkt als Werttreiber 29
      4.3.1 Rahmenbedingungen 29
      4.3.2 Markt 30
   Literatur 31

5   Perspektiven des institutionellen Immobilien-Investmentmarktes ...   33
   5.1   Kurzfristige Trends – Investmentzyklus   33
   5.2   Langfristige Einflussfaktoren – Megatrends   35
        5.2.1   Politische Einflussnahme   35
        5.2.2   Globalisierte Finanzmärkte   36
        5.2.3   Wirtschafts-, Einkommens- und
               Vermögensentwicklung   38
        5.2.4   Nachhaltigkeit   39
        5.2.5   Weitere Einflussfaktoren   41
   Literatur   43

6   Fazit   45

Literatur   49

Stichwortverzeichnis   51

Über den Autor

Günter Vornholz ist Professor für Immobilienökonomie an der EBZ Business School in Bochum. Er verfügt über fast 25 Jahre praktische Erfahrungen in der Finanzwirtschaft und hat damit zwei Marktzyklen des deutschen Immobilien-Investmentmarktes erlebt. In der Abteilung Volkswirtschaft der Norddeutschen Landesbank war er für die Analyse der Immobilienmärkte zuständig. Bei der Deutschen Hypothekenbank (Actien-Gesellschaft) leitete er das Immobilien Research.

Seit Juli 2011 ist Vornholz Professor an der EBZ Business School in Bochum. Seine Lehr- und Forschungsinteressen liegen in der volkswirtschaftlichen Analyse von Immobilienwirtschaft und -märkten. Vornholz schreibt Fach- und Lehrbücher über die Grundlagen der Immobilienökonomie sowie Fachartikel zu immobilienwirtschaftlichen Themen.[1]

---

[1] P. S.: Die Ausführungen dieses Buches richten sich gleichberechtigt an alle Menschen. Die Verwendung männlicher Artikel und Bezeichnungen für Personen, Funktionen etc. dient allein dem Ziel, den Lesefluss zu erleichtern und zu verbessern.

Einleitung 1

Der Immobilien-Investmentmarkt, auf dem Immobilien gekauft und verkauft werden, entwickelte sich in den vergangenen Jahren nicht nur in Deutschland zu einem der bedeutendsten Immobilienmärkte. Der Markt hat sich sehr dynamisch und innovativ gezeigt. Seit der Finanzkrise 2008 stiegen die Immobilienpreise kontinuierlich und deutlich. Die Kaufpreise erreichten historische Höchstwerte und die Renditen für Immobilien entsprechende Tiefstände.

Die Corona-Pandemie hat den langjährigen Aufschwung unterbrochen. Die Umsätze bzw. das Transaktionsvolumen ebenso wie teilweise die Immobilienpreise gingen im Jahr 2020 zurück, sodass es nicht erstaunt, dass die Frage nach einem möglichen erheblichen Rückschlag oder sogar nach dem Ende der langfristigen Entwicklung gestellt wird.

Das Ziel dieses Buches besteht darin, eine Prognose über die zukünftigen Aussichten des Immobilien-Investmentmarktes zu geben. Dafür sind Analysen der relevanten Werttreiber notwendig, die auf der Beschreibung der bisherigen Entwicklungen basieren.

Das Buch teilt sich demnach in vier Kapitel. Zunächst werden nach der Einleitung im zweiten Teil die Strukturen des Marktes dargestellt, was aufgrund der vielfältigen Aspekte nur rudimentär erfolgen kann.

Im dritten Kapitel wird die Entwicklung des Immobilien-Investmentmarktes in Deutschland erforscht. Dabei wird sowohl auf die verschiedenen Marktergebnisse und -trends als auch auf die maßgeblichen Einflussfaktoren eingegangen.

Die relevanten Werttreiber des institutionellen Investmentmarktes werden im vierten Kapitel analysiert. Dabei wird unterschieden zum einen zwischen denen, die die Vermietungs- und die Investmentmärkte beeinflussen. Zum anderen werden Werttreiber und Ursachen identifiziert und beschrieben, die dafür sorgten, dass die Preise in den vergangenen Jahren stärker als die Mieten angestiegen sind.

© Der/die Autor(en), exklusiv lizenziert durch Springer Fachmedien Wiesbaden GmbH, ein Teil von Springer Nature 2022
G. Vornholz, *Der Immobilien-Investmentmarkt*, essentials,
https://doi.org/10.1007/978-3-658-36554-7_1

Das abschließende fünfte Kapitel geht der Frage nach, welches die Perspektiven des Immobilien-Investmentmarktes sind. Durch die Coronakrise kommt es zu einer Neubewertung der kommenden Entwicklung. Für die zukünftigen Trends sind auf der einen Seite weiter zyklische Reaktionen der Märkte zu erwarten, wobei exogene Störungen i. d. R. den Zyklus beenden. Auf der anderen Seite beeinflussen langfristige Trends oder Megatrends die Aussichten.

Strukturen des institutionellen Immobilien-Investmentmarktes

2

Der Lebenszyklus einer Immobilie besteht aus verschiedenen Phasen. Zunächst gibt es die Projektentwicklungsphase, die von der Projektidee über die Planung einschließlich der Finanzierung bis zu der Bauausführung und Fertigstellung reicht. In der anschließenden Vermietungs- bzw. Nutzerphase werden die Immobilien zur Vermietung angeboten. In der abschließenden Verwertungsphase entspricht die Immobilie nicht mehr der Nachfrage der Nutzer und sie wird entweder revitalisiert (Refurbishment) oder abgerissen.

Der Immobilien-Investmentmarkt,[1] der über alle Lebenszyklusphasen reichen kann, ist definiert als Markt für Kapitalanlagen in Immobilien. Auf dem Markt werden Immobilien gehandelt (ge- und verkauft) bzw. finanzielle Mittel als Kapitalanlage in Immobilien angelegt.

Die Abb. 2.1 zeigt diese Zusammenhänge auf. Investoren oder Anbieter mit Verkaufsabsichten (II.) bieten auf dem Investmentmarkt Immobilien zum Verkauf an, die aber nur ein kleiner Teil des gesamten Immobilienbestandes (I.) sind. Die Nachfrager (III.) sind die Investoren, die die angebotenen Immobilien unter bestimmten Bedingungen kaufen wollen. Auf dem Markt bilden sich durch das Zusammentreffen von Angebot und Nachfrage die Preise für Immobilien und durch den Vergleich mit den Mieten die Renditen. Die Marktergebnisse (IV.) werden in Kap. 3 ausführlich analysiert.

---

[1] Auch wenn teilweise die Begriffe Investitionen und Investments synonym verwendet werden, wird hier der Ausdruck *Investment* für die Käufe und den Erwerb von Immobilien verwendet. Dies soll auch Irritationen und Fehldeutungen mit dem Begriff Bauinvestitionen vermeiden, da hier Investment als Kapitalanlage verstanden wird.

G. Vornholz, *Der Immobilien-Investmentmarkt*, essentials, https://doi.org/10.1007/978-3-658-36554-7_2

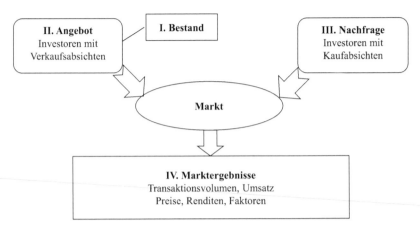

Abb. 2.1 Immobilien-Investmentmarkt. (Quelle: Vornholz 2017, S. 34)

Die folgende Ausarbeitung konzentriert sich auf den deutschen institutionellen Immobilien-Investmentmarkt und damit auf institutionelle/gewerbliche[2] Investoren. Zur Abgrenzung erfolgen nur Verweise auf die privaten, semiprofessionellen oder ausländischen (internationalen) Investmentmärkte, die aber hier ansonsten nicht weiter analysiert werden.

Der Immobilien-Investmentmarkt zeichnet sich durch eine große Vielfalt aus, die sich in den differenzierten Strukturen widerspiegelt. Zum einen sind die gehandelten Objekte (Assets) sehr unterschiedlich. Zum anderen sind auf der Seite der Marktakteure verschiedene institutionelle Investoren aktiv, wobei die Anlegergruppen jeweils nur einen geringen Marktanteil haben. Weiterhin ist zu beachten, dass die Akteure recht unterschiedliche Ziele und Strategien verfolgen.

---

[2] Im Folgenden werden die Begriffe *institutionell* und *gewerblich* synonym verwendet, auch wenn das Kapitalanlagegesetz (KAGB) nur von institutionellen Teilnehmern spricht.

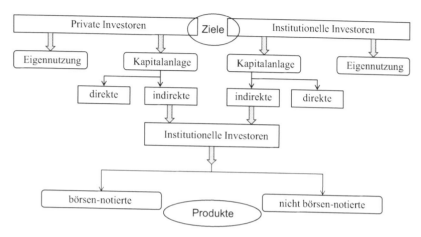

Abb. 2.2 Typen von Investoren. (Quelle: Vornholz 2017, S. 35)

2.1 Investoren am Immobilien-Investmentmarkt

Eine wesentliche Marktabgrenzung erfolgt beim Immobilien-Investmentmarkt nach den Marktakteuren. Das Kapitalanlagegesetz (KAGB) unterscheidet zwischen drei Anlegergruppen: den privaten, den semiprofessionellen und den institutionellen Teilnehmern.[3] Institutionelle Investoren sind juristische Personen, die eine Zulassung für die Anlage von Finanzinstrumenten haben. Sie sind Finanzmarktteilnehmer von besonderer Größe mit einem Geschäftsbetrieb und haben einen wesentlichen Einfluss auf das Marktgeschehen. Während private Käufer Immobilien sowohl zur Eigennutzung als auch zur Kapitalanlage erwerben, investieren institutionelle Anleger vorwiegend mit dem Ziel der Kapitalanlage.[4]

Die institutionellen Marktteilnehmer lassen sich, wie in Abb. 2.2 dargestellt, nach verschiedenen Kriterien klassifizieren. Sie unterscheiden sich hinsichtlich ihrer Art, der Anlagenkonzepte und ihren Zielen. Bei der Kapitalanlage wird

---

[3] Im Folgenden wird Immobilien-Investmentmarkt synonym mit dem institutionellen Markt oder institutionellen Marktsegment gesetzt.

[4] Bei den gewerblichen Objekten wird teilweise ein Mindesttransaktionsvolumen von 5 bzw. 10 Mio. EUR angenommen. Bei der Erfassung von Wohnungskäufen institutioneller Investoren wird z. B. eine Mindestgröße des Portfolios vorausgesetzt, die aber je nach Quelle unterschiedlich hoch ausfällt (zehn bis 30 Wohneinheiten). Bei gewerblichen Immobilien ist bei internationalen Statistiken ein Mindestvolumen von 5 Mio. EUR bzw. US$ üblich.

zwischen einem direkten und einem indirekten Investment unterschieden. Bei der indirekten Kapitalanlage gibt es verschiedene institutionelle Akteure, die diverse Produkte anbieten, um in Immobilien investieren zu können. Die folgende Analyse erfolgt unabhängig von der Herkunft der Investoren, auch wenn ein Großteil der Anleger in Deutschland aus dem Ausland kommt.

2.1.1 Institutionelle Investoren

Institutionellen Investoren sind juristische Personen, die von Dritten bereitgestellte Finanzmittel verwalten und anlegen. Sie sind Finanzintermediäre, denen im Sinne einer Kapitalsammelstelle monetäre Mittel für einen bestimmten Zweck und Zeitraum von Privatpersonen und Institutionen überlassen wird. Institutionelle Investoren investieren diese Mittel entweder direkt oder indirekt über andere Investmentvehikel in Immobilien.

Sie gelten als professionelle Marktteilnehmer und verfügen über hinreichende Erfahrungen und Sachverstand, um die mit einem Investment verbundenen Risiken beurteilen und eine Anlageentscheidung treffen zu können. Von daher genießen sie nur einen stark begrenzten Anlegerschutz.

Das Ziel institutioneller Investoren ist die Realisierung einer Rendite durch Wertsteigerungen der Immobilien und/oder durch Mieteinnahmen. Die Akteure des institutionellen Anlagesektors können wie folgt weiter differenziert werden.

2.1.1.1 Alternative Immobilienfonds (AIF)

Immobilienfonds[5] sind der Klassiker unter den indirekten Immobilienanlage. Bereits vor rund 80 Jahren entstanden die ersten Produkte, die das Modell des Aktieninvestmentfonds auf Immobilien übertrugen. Mit dem bei Anlegern eingesammelten Kapital erwerben Fonds Immobilien und erwirtschaften aus Mieteinnahmen, Wertsteigerungen und Verkäufen Gewinne für ihre Kunden.

Als Folge der Finanzmarktkrise 2007 wurde 2013 das neue Kapitalanlagegesetz (KAGB) in Kraft gesetzt, das die Richtlinie der EU in deutsches Recht umsetzt und die Alternativen Investmentfonds, abgekürzt AIF, regelt. Alternative Investments sind wie Immobilien üblicherweise Geldanlagen, die nicht aus den klassischen, an der Börse gehandelten Finanzprodukten bestehen.

---

[5] Im KAGB wird nicht der Begriff *Investmentfonds* verwendet, sondern *Investmentvermögen*. Investmentvermögen ist der Oberbegriff für alle Fondstypen. Da der Begriff Investmentfonds üblicherweise verwendet wird, soll dies auch hier so geschehen.

Alternative Investmentfonds werden von einer Kapitalverwaltungsgesellschaft (KVG) organisiert. Die KVG investiert das eingesammelte Geld und verwaltet das Vermögen für den AIF.

AIFs unterteilen sich in Publikumsinvestmentfonds (-vermögen), zu denen die Offenen und Geschlossenen Publikums-AIFs gehören, sowie in Spezialfonds. **Publikumsfonds** (bzw. Publikumsinvestmentvermögen) sind Investmentfonds, die von Anlegern erworben werden können.

- Offene Immobilienfonds als Publikums-AIF sind vor allem für private (Klein)-Anleger geeignet, welche sich keine eigene Immobilie leisten können oder wollen. Die investierten Summen werden durch eine Kapitalverwaltungsgesellschaft getrennt von deren eigenem Vermögen als Sondervermögen verwaltet und sind deshalb bei Insolvenz der KVG geschützt. Die Anteile der offenen Immobilienfonds werden handelstäglich zurückgenommen.
- Geschlossene Immobilienfonds als Publikums-AIF haben ein konkretes Investmentobjekt. Das Kapital ist fix mit einer festen Laufzeit. Die Anzahl der Anleger ist begrenzt. Das Recht zur Rückgabe der Anteile besteht für die Anleger nur am Ende der Laufzeit. Die Gesellschafter haben ein begrenztes Mitsprache- und Entscheidungsrecht.

Spezial Alternative Investmentfonds dürfen ausschließlich von professionellen und semiprofessionellen Anlegern erworben werden. Der Spezial-AIF wird häufig an die individuellen Anforderungen des jeweiligen Investors angepasst. Spezial-AIFs unterstehen der Aufsicht durch die BaFin und den Regeln des Kapitalanlagegesetzbuchs (KAGB). Sie unterliegen jedoch weniger starken Regulierungen als Publikumsfonds, da das Schutzbedürfnis der professionellen Anleger durch den Gesetzgeber als geringer eingeschätzt wird.

Unterschieden wird nach Offenen Immobilien Spezial-AIFs, deren Fondsvolumen theoretisch beliebig groß werden kann und Geschlossenen Immobilien Spezial-AIF mit einem festgelegten maximalen Investmentvolumen, bei dessen Erreichen der Fonds geschlossen wird. Die Anlagebedingungen werden vertraglich festgelegt.

2.1.1.2 Immobilienaktiengesellschaften und Real Estate Investment Trusts (REITs)

Immobilien-Aktiengesellschaften (kurz: Immobilien-AG) sind Kapitalgesellschaften, die in der Rechtsform einer Aktiengesellschaft geführt werden. Sie investieren überwiegend in Immobilien. Einige dieser Immobilien-AGs sind börsennotiert. Klassische Aktiengesellschaften müssen ihre Gewinne nicht vollständig ausschütten, sondern können sie thesaurieren.

Aktionäre bzw. Anleger nehmen am Erfolg der Unternehmen teil, ohne selbst Besitzer einer Immobilie zu sein. Viele Immobilienaktiengesellschaften sind aus dem Outsourcing von Immobilienbeständen bei Industrieunternehmen entstanden. Börsennotierte Immobilienaktiengesellschaften sind in Deutschland bislang eher gering verbreitet.

Real Estate Investment Trusts (REITs) stellen eine Sonderform einer Immobilien-Aktiengesellschaft dar. 1960 wurde in den USA der erste REIT eingeführt, seit 2007 ist diese Anlageform auch in Deutschland zugelassen.

REITs sind steuerbegünstigte Immobilien-Aktiengesellschaften mit börsennotierten Anteilen und müssen an der Börse gehandelt werden. Die zulässigen Investitionen eines REITs sind in Deutschland auf den gewerblichen Immobilienmarkt beschränkt. REITs sollen die Vorteile einer Immobilienanlage aufweisen, aber die Nachteile der Direktanlage vermeiden. Sofern einige gesetzlich festgelegte Rahmenbedingungen hinsichtlich Gesellschafterstruktur, Anlage- und Ausschüttungspolitik eingehalten werden, kann die Gesellschaft Ausschüttungen steuerfrei vornehmen. Die Besteuerung erfolgt danach auf der Gesellschafterebene mit dem individuellen Steuersatz.

2.1.1.3 Weitere bedeutende institutionelle Anlegergruppen

Als **Investment Manger** oder **Asset Manager** wird eine Gesellschaft bezeichnet, die Immobilienbestände betreut und vielfach ein Volumen von mehreren Milliarden Euro aufweisen kann. Ihr Ziel ist eine professionelle Vermögensverwaltung, um bestimmte Anlageziele der Anleger zu erreichen. Im Kontext von Immobileninvestments wird darunter die umfassende Eigentümervertretung für einen Immobilienbestand unter Kapitalanlagegesichtspunkten verstanden. Neben direkten Investments in Immobilien sind auch indirekte möglich.

Versicherungen und Pensionskassen sind weitere wichtige Anleger für den Immobilien-Investmentmarkt. Weil sich klassische Anlageformen in Zeiten niedriger Zinsen immer weniger rentieren, suchen Versicherungen und Pensionskassen vermehrt nach Alternativen. So kommen sie auf einen wachsenden Anteil am Immobilien-Gesamtmarkt.

Family Offices verwalten professionell das Vermögen (hier: Immobilien) einer oder mehrerer wohlhabender Familien. Die Ziele und Aufgaben werden individuell formuliert und in einer Vereinbarung zwischen Vermögensinhaber und Dienstleister konkretisiert.

Family Offices haben den Vorteil, die Vermögen umfassend, neutral und rechtssicher verwalten können. Sie haben daher mehr Möglichkeiten, die Vermögensverwaltung erfolgreich und effizient vorzunehmen, als vielleicht der Vermögensinhaber. **Real Estate Opportunity Fonds** fokussieren sich auf eine Objektart. Diese noch junge Klasse von Fonds hat sich in den vergangenen Jahren, zunächst ausgehend vom angelsächsischen Sprachraum, immer stärker an den internationalen Immobilienmärkten etabliert und ähnelt den Private-Equity-Fonds am Markt für Unternehmensbeteiligungen.

Im Unterschied zu langfristig orientierten Immobilieninvestoren streben Real Estate Opportunity Fonds vor allem die Realisierung von Wertsteigerungen bei kurzer Haltedauer an. Dazu achten die Fonds beispielsweise auf die Optimierung von Vermietungen oder auf die Möglichkeit von Privatisierungen. Real Estate Opportunity Fonds nutzen zudem die zyklischen Entwicklungen an den Immobilienmärkten, indem sie in Marktabschwungsphasen kaufen und die Objekte in Aufschwungsphasen wieder veräußern wollen.

Projektentwickler bzw. Bauträger sind typischerweise Kurzfristinvestoren auf, die den Neubau von Objekten und/oder das Refurbishment übernehmen. Die Bauprojekte können entweder im Rahmen eines Auftragsbaus für einen feststehenden Mieter oder Eigennutzer errichtet werden, oder dienen als spekulatives Investment, bei dem ein späterer Nutzer noch nicht feststeht. Das grundsätzliche Ziel ist, die Immobilie nach Fertigstellung wieder zu veräußern.

Zu den institutionellen Investoren gehören zudem Kreditinstitute, weitere Investment- und Kapitalgesellschaften, Versorgungswerke, Sozialversicherungsträger, Krankenkassen, Unternehmen, Vermögensverwaltungen, Kirchen, Vereine, Stiftungen, staatliche Organisationen, internationale Organisationen oder Kommunen.

2.1.2 Semiprofessionelle Investoren

Die Kategorie der semiprofessionellen Anleger wurde für institutionelle Anleger geschaffen, die nicht sämtliche Kriterien eines professionellen Anlegers erfüllen. Der semiprofessionelle Anleger ist üblicherweise eine vermögende Privatperson bereits Erfahrungen mit alternativen Anlagen gemacht hat, die hohe Summen investiert und sich der entsprechenden Risiken bewusst ist. Sachverstand, Erfahrungen und Kenntnisse werden vom Fondsmanagement als ausreichend angesehen.

Der semiprofessionelle Anleger hat eine Kompetenzerklärung bezüglich der Risiken abgegeben, die von der Verwaltungsgesellschaft bewertet und akzeptiert werden muss. Nach dem Kapitalanlagengesetzbuch können diese Anleger, Anteile an einem Spezial-AIF erwerben.

Es gibt keine vergleichbare Anlegerkategorie in der EU, daher genießen semi-professionelle Anleger unter den europäischen Vorgaben das gleiche Schutzniveau wie Kleinanleger und erfordern den gleichen regulatorischen Aufwand.

2.1.3 Private Investoren

Bei privaten Marktteilnehmern handelt es sich typischerweise um natürliche Personen, die nur bei einer einzelnen oder bei sehr wenigen Immobilientransaktionen tätig werden. Private Anleger investieren das ihnen zur Verfügung stehende Kapital auf eigene Rechnung.

Immobilien bilden bei diesen Investoren oft einen Teil ihrer Kapitalanlage als Renditeobjekt oder werden von ihnen selbst genutzt. Die Ziele der privaten Investoren liegen daher in der Vermögensverwaltung und -sicherung, verbunden mit einem kontinuierlichen und risikoadäquaten Zuwachs.

Private Anleger zeichnen sich zumeist durch ein begrenztes Investmentvolumen und geringer Professionalität im Umgang mit Immobilien aus. Auf dem Markt haben sie einen Informationsnachteil; kaufmännisches, juristisches und technisches Fachwissen ist häufig nur in geringerem Maße vorhanden. Von daher hat der Gesetzgeber Maßnahmen zum Anlegerschutz erlassen, um diese Anleger vor zu großen Verlusten zu schützen.

2.2 Ziele und Strategien der Marktteilnehmer

2.2.1 Ziele

Bei einem ökonomisch rationalen Verhalten der Investoren werden die Merkmale und Risiken eines Investments mit den Präferenzen und Ansprüchen des Investors in Einklang gebracht. Neben der Rentabilität steht die Sicherheit (Risiko) und die Liquidität der Kapitalanlage im Vordergrund. Diese drei Faktoren bilden gemeinsam die wichtigsten Anlageziele, das sogenannte Magische Dreieck.

Die **Rentabilität** gilt als ein wichtiges Kennzeichen von Investments. Sie bemisst sich in der Verzinsung des Kapitals in einer Periode und ist ein Indikator für die Performance einer Investition. Aber auch für Immobilien gilt: je höher die Rendite ausfällt, desto höher ist auch das Risiko.

Zweites Anlageziel ist **Sicherheit bzw. Risiko.** Jede Anlage ist mit einem eigenen Grad an Risiken verbunden. Die Risiken unterscheiden sich nach Marktrisiken (wie Leerstand, Mieten oder Preise), Objektrisiken (wie Altlasten, Mietermix oder Mikrolage) oder Liquiditätsrisiken (wie Wiederverkaufsrisiko, schlechter Zustand oder Image).

Das dritte Anlageziel **Liquidität** bezieht sich auf die Möglichkeit, ein Asset wieder zu verkaufen. Geldanlagen in Aktien oder Sparkonten können sehr liquide sein, während Immobilien eher als illiquide Assets anzusehen sind.

Da diese drei Kriterien in einem Zielkonflikt zueinander stehen, sind sie nicht gleichzeitig erreichbar. So muss z. B. für einen hohen Grad an Sicherheit eine niedrigere Rendite in Kauf genommen werden. Ein Anleger entscheidet nach seinen persönlichen Präferenzen und Zielen über das Verhältnis der drei Anlageziele.

Inzwischen gewinnt ein weiteres Ziel immer mehr an Bedeutung, sodass vielfach schon von einem „Magischen Viereck" gesprochen wird: das Ziel der **Nachhaltigkeit.** Das Ziel Nachhaltigkeit ist bei vielen Investoren bereits ein wichtiger Aspekt ihrer Anlagestrategie. Für den Investor ist relevant, dass nachhaltige Immobilien sich besser vermieten und veräußern lassen. Eine höhere Wertbeständigkeit ist ein weiteres Argument für nachhaltige Immobilien Abschn. 5.2.4.

2.2.2 Strategien

Durch den Aufbau von diversifizierten Immobilienportfolios suchen institutionelle Investoren ihre Anlage zu optimieren, wobei sich die Struktur des Portfolios aus der Zusammenstellung u. a. folgender Komponenten ergeben kann.

Es kann grundsätzlich zwischen drei **Managementstrategien** unterschieden werden: *buy-and-hold, buy-and-manage* und *buy-and-sell.* Bei der eher traditionellen Strategie buy-and-hold besteht das Ziel, die Immobilie sehr lang im Portfolio zu halten und es wird mehr auf die laufenden Einnahmen gesetzt. Bei der buy-and-sell-Strategie wird mit einer gewinnbringenden Veräußerung gerechnet. Bei diesem Investitionshorizont tritt ein aktives Immobilienmanagement stärker in den Fokus als beim traditionellen Verwalten der Bestände. Die dritte Variante ist die buy-and-manage-Strategie, bei der ein differenziertes Vorgehen hinsichtlich des Haltens oder Verkaufens der jeweiligen Immobilien gewählt wird.

Strategien zur **Risikodiversifizierung** können Investments in verschiedenen Ländern bzw. an verschiedenen Standorten erfordern. Zudem kann das Risiko eines Portfolios durch die Diversifizierung der Immobilien gestreut werden. Standardimmobilien (Büro, Handel, Wohnungen) mit teilweise geringerem Risiko können in ein Portfolio mit Spezialimmobilien (z. B. Hotel, Logistik) mit teilweise höheren Renditen gebracht werden, um die Gesamtrendite zu optimieren.

Die Risikoneigung und damit die Renditeerwartung – je höher das Risiko, desto höher ist die Rendite – spiegelt sich bereits in der Objektauswahl wider. Folgende Risikoklassen können unterschieden werden.

- CORE-Immobilien sind Objekte mit geringem Risiko mit guten Standort- und Immobilienbedingungen.
- Core + -Immobilien sind Immobilien mit einem etwas höheren Risiko und Wertsteigerungspotenzial, die überwiegend Bestandsimmobilien mit mittlerer und moderner Objektqualität sind.
- Value Added-Objekte müssen durch Umbau/Ausbau/Neukonzeption am Markt neu positioniert werden und bedürfen eines aktiven Managements. Dadurch haben sie hohes Wertsteigerungspotenzial.
- Opportunistic-Immobilien umfassen Projektentwicklung oder entwicklungsfähige Gebäude mit Problemen, wobei z. B. die Mieten oft unter Marktniveau liegen.

2.3   Transaktionsarten

Die Immobilientransaktionen lassen sich nach verschiedenen Kriterien differenzieren. Einzelobjekttransaktionen mit einer gewerblich oder wohnlich genutzten Immobilie bzw. eines Entwicklungsgrundstücks werden von Portfoliotransaktionen abgegrenzt. Bei einer Portfoliotransaktion werden mindestens zwei räumlich getrennte Immobilien veräußert.

Darüber hinaus wird zwischen direkten und indirekten Investments in Immobilien unterschieden, also Asset vs. Share Deal. Beim Asset Deal erwirbt ein Anleger direkt eine abgrenzbare Immobilie inklusive eines Grundstücks. Bei einem indirekten Investment (Share Deal) handelt es sich um den Erwerb eines

Anteils (von bis zu 100 v. H.) an einer Objektgesellschaft oder einer Immobilingesellschaft (Gesellschaftserwerb). Zum Juli 2021 wurde eine neue gesetzliche Regelung zu Share Deals eingeführt, um die Steuervermeidung zu vermindern.

2.4 Gehandelte Immobilienobjekte

Die nachfolgenden Ausführungen geben einen Überblick über die wesentlichen Objekte, die auf dem Investmentmarkt gehandelt werden. Dabei wird auf deren Bedeutung für den Markt sowie auf die Besonderheiten eingegangen, die das jeweilige Segment kennzeichnen.

Der **Büroimmobilienmarkt** hat aufgrund seines hohen Anteils am Immobilienbestand sowie am Transaktionsvolumen einen hohen Stellenwert. In Büroimmobilien werden insbesondere Verwaltungs- und Schreibtischtätigkeiten ausgeführt. Wichtige Unterscheidungskriterien sind zum einen die Lage (z. B. Central Business District, Backoffice-Standort oder Stadtumland) und zum anderen die Bürokonzepte wie beispielsweise Zellen-, Gruppen- oder Großraumbüros.

Die Nachfrage nach Büroflächen wird im Wesentlichen geprägt durch die (erwartete) wirtschaftliche Entwicklung. Das Angebot setzt sich zusammen aus dem vorhandenen Bestand und neuen Projekten. Dieses Marktsegment ist durch lange Planungs- und Realisierungszeiten viel träger als die Nachfrage in der Reaktion auf veränderte Rahmenbedingungen.

Die **Einzelhandelsimmobilien** sind der Ort, an dem der stationäre Einzelhandel mit dem Absatz von Waren an die Verbraucher stattfindet. Diese Immobilien können nach den Kriterien Lage (z. B. 1a-Lage, Innenstadt oder Grüne Wiese), Größe, Betriebsform (Kaufhaus oder Discounter) oder auch nach dem Kriterium Sortiment (Lebensmittel oder Möbel) unterteilt werden. Der Handel ist von einem ständigen Wandel betroffen; das Einkaufsverhalten und die Handelsformen ändern sich stetig.

Handelsimmobilien sind in den letzten Jahren mehr und mehr in den Fokus der nationalen und internationalen Investoren gerückt. Der auch zukünftig wachsende Anteil des Online-Handels hat einen deutlichen Einfluss auf das Kundenverhalten und damit negativ auf den stationären Einzelhandel.

Wohnimmobilien sind Gebäude, die überwiegend oder ausschließlich Wohnzwecken dienen. Sie können nach den Kriterien Eigen- und Fremdnutzung unterschieden werden. In Deutschland ist die Eigentumsquote im internationalen Vergleich mit rund 50 % unterdurchschnittlich ausgeprägt. Ein- und Zweifamilienhäuser werden überwiegend selbst genutzt, während die Wohnungen in Mehrfamilienhäuser eher vermietet werden. Des Weiteren können Wohnimmobilien nach den Kriterien Lage oder Ausstattung der Wohnungen klassifiziert werden. Im institutionellen Marktsegment werden vorwiegend Portfoliotransaktionen von Wohnmobilen berücksichtigt. **Weitere Objektarten** sind z. B. Logistikimmobilien zur Lagerung, Kommissionierung oder Distribution von Waren, oder Industrieimmobilien für Produktionsunternehmen. Außerdem gehören Betreiber- oder Managementimmobilien wie Hotels oder Freizeitimmobilien dazu, deren betriebswirtschaftlicher Erfolg vorwiegend vom Management abhängt. Betreiberimmobilien sind auch Sozialimmobilien, die weiter nach Krankenhäusern, Rehabilitationseinrichtungen oder Pflegeheimen unterteilt werden.

Entwicklung des deutschen institutionellen Immobilien-Investmentmarktes

3

Die Strukturen des Immobilien-Investmentmarktes spiegeln sich in den empirischen Entwicklungen wider. Der Markt hat sich immer wieder sehr dynamisch, aber auch mit starken Schwankungen entwickelt. Die vielfachen Veränderungen der Rahmenbedingungen sowie endogene Änderungen auf dem Investmentmarkt haben eine stetige Entwicklung verhindert. Dies wird anhand der verschiedenen Marktergebnisse dargestellt.

3.1 Transaktionsvolumen/Umsatz

Auf dem Investmentmarkt wird neben der Anzahl der Transaktionen vor allem das gehandelte Transaktionsvolumen (Umsatz, Geldvolumen) erfasst, das in einem bestimmten Zeitraum und in einem bestimmten Markt in Immobilien geflossen ist. Das Transaktionsvolumen ist die Summe aller registrierten Käufe von Immobilien in einem Berichtszeitraum ohne Erwerbsnebenkosten und Transferkosten (z. B. Maklercourtage). Es bildet die Käufe und Verkäufe von Immobilien ab und ist unabhängig vom Immobilienbestand.

Abb. 3.1 zeigt die jährlichen Transaktionen auf dem institutionellen Immobilien-Investmentmarkt in Deutschland. Das Transaktionsvolumen wird von den verschiedenen Marktberichterstattern unterschiedlich gefasst und teilweise nicht eindeutig abgegrenzt.[1]

---

[1] Von Jones Lang LaSalle werden Gewerbeimmobilien (z. B. Büro-, Einzelhandelsimmobilien, Spezialimmobilien) und die Asset-Klasse Living mit Mehrfamilienhäusern und Wohnportfolios ab zehn Wohneinheiten sowie Wohnsondernutzungen (z. B. Studentenwohnen) berücksichtigt. Diese Abgrenzungen führen zu differenzierten Volumina und Entwicklungen beim Transaktionsvolumen.

© Der/die Autor(en), exklusiv lizenziert durch Springer Fachmedien
Wiesbaden GmbH, ein Teil von Springer Nature 2022
G. Vornholz, *Der Immobilien-Investmentmarkt*, essentials,
https://doi.org/10.1007/978-3-658-36554-7_3

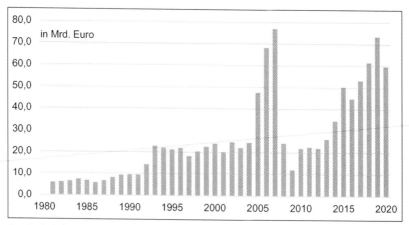

Quelle: bulwiengesa AG, BNP Paribas Real Estate, 2021

Abb. 3.1 Transaktionsvolumen Immobilien-Investmentmarkt in Deutschland. (Quelle: RIWIS-Datenbank der bulwiengesa AG, BNP Paribas Real Estate 2021)

Die Entwicklung auf dem Immobilien-Investmentmarkt verläuft nicht gleichmäßig, sondern ist durch starke (zyklische) Schwankungen und Strukturbrüche (Displacement-Effekte) geprägt. Im Folgenden werden die Ursachen sowie die Entwicklungen analysiert.

Erst seit den **1980er Jahren** liegen Daten über das institutionelle Marktsegment vor. Auf einem historisch niedrigen Niveau gab es in diesem Jahrzehnt zyklische Schwankungen. Sie waren neben dem Verhalten der Marktakteure durch staatliche Eingriffe verursacht. Profitieren konnte der Markt von steuersparenden Bauherren- und Erwerbermodellen, die aber oftmals später zu Verlustgeschäften für die Anleger wurden.

In den **1990er-Jahren** führten Änderungen der steuerlichen Rahmenbedingungen zunächst zu einer Verdoppelung des Volumens, danach blieben die Umsätze relativ stabil in der Spanne von 20 bis 25 Mrd. EUR. Im Jahr 1991 wurde zur staatlichen Aufbauförderung Ostdeutschlands im Fördergebietsgesetz eine 50 %ige Sonderabschreibung Ost („Sonder-Afa Ost") beschlossen. Dadurch wurden viele Wohn- und Gewerbeimmobilien gebaut und gehandelt bis das Gesetz 1996 auslief. Auch hier zeigte sich, dass teilweise Objekte gefördert wurden, für die keine reale Nachfrage bestand. Die Folge waren Leerstände, die die Immobilienmärkte noch jahrelang belasteten.

Der **Dotcom-Boom gegen Ende der 1990er Jahre** mit dem starken Wachstum der New Economy (Informations- und Kommunikationstechnologien) hatte längerfristige Auswirkungen für den Markt. Technische Innovationen lösten mit neuen Produkten und Anwendungen den realwirtschaftlichen Boom aus. Dies machte sich besonders auf den Vermietungsmärkten bemerkbar, aber auch zunächst positiv bei den Anlageaktivitäten der Investoren. Seit Mitte der 1990er Jahre stieg das Transaktionsvolumen um ungefähr 30 % an. Jedoch wurden die Erwartungen an die technologische Revolution überschätzt. Realwirtschaftlich waren hohe Wachstumsraten und Gewinne und entsprechend steigende Aktienkurse erwartet worden. Zinserhöhungen in den USA sorgten jedoch für zunehmende Zweifel an der Nachhaltigkeit der Tech-Investitionen und ließen Kursverluste an der Börse sowie einen wirtschaftlichen Abschwung folgen.

Das **Platzen der Dotcom-Blase** hatte nur geringe negative Effekte, die staatlichen Gegenmaßnahmen dagegen wirkten sich dann sehr positiv für die Investmentmärkte aus. Auf das Platzen der Blase reagierten die Notenbanken weltweit mit einer extrem expansiven Geldpolitik in Form von Zinssenkungen und einer stark erhöhten Liquidität. Die Notenbanken ließen ihre Leitzinsen auf ein historisch niedriges Niveau fallen (die amerikanische Notenbank senkte ihre Leitzinsen von 6,5 auf 1,25 %) und setzten damit u. a. einen Ausgangspunkt für den folgenden Aufschwung und die Preisblase.

Der durch die Geldpolitik ausgelöste globale Nachfrageboom nach Immobilien kam in Deutschland erst mit Verspätung an. Während weltweit die Transaktionen schon ab dem Jahr 2001 stark anstiegen und sich bis 2004 verdoppelten, blieben sie in Deutschland zunächst relativ konstant. Der deutsche Markt zog erst nach, als er in den Fokus der internationalen Anleger rückte.

Der Beginn von Deals mit Immobilienportfolios kann auf das Jahr 2000 terminiert werden, in dem der Bund gut 110.000 Eisenbahnerwohnungen verkaufte, u. a. an die Deutsche Annington (heute: Vonovia). Weitere herausragende Transaktionen waren der Verkauf der Wohnungsgesellschaft Gagfah durch die Bundesversicherungsanstalt für Angestellte (2004) sowie die Veräußerung der städtischen Wohnungsgesellschaft der Stadt Dresden (2006) jeweils an den amerikanischen Investor Fortress.

Für den Investmentboom in Deutschland von **2004 bis zum Höhepunkt 2007** waren vor allem die ausländischen Investoren verantwortlich, die vorher fast keine Rolle auf dem deutschen Immobilienmarkt gespielt hatten. Erst 2004 stiegen sie merkbar in den deutschen Markt ein und verfünffachten ihr Engagement innerhalb von nur drei Jahren. Auf der Suche nach Opportunities kauften sie große Wohnpakete mit der Hoffnung, dass sie die Mieten steigern und zudem die Wohnungen an die Mieter veräußern könnten. Die deutschen wurden von den internationalen Anlegern zunächst verdrängt, konnten aber 2007 ihr ursprüngliches Niveau wieder erreichen. Auch wenn es bereits ab der Jahresmitte zu Irritationen kam, wurde 2007 das bislang höchste jemals in Deutschland getätigten Immobilien-Transaktionsvolumen erreicht.

Der durch die expansive Geldpolitik ausgelöste Immobilienboom führte zu Marktübertreibungen vor allem in den USA. Der Zusammenbruch des Wohnungsmarktes in den USA (Subprime-Segment) durch die Zinserhöhungen hatte über die internationalen Finanzmärkte (u. a. Asset Backed Securities-Finanzierungen) weltweit negative Effekte. Die Weltwirtschaft sowie die Staatsfinanzen vieler Länder wurden sehr stark in Mitleidenschaft gezogen.

Der **Crash 2008/09** am Immobilien-Investmentmarkt war die Folge der internationalen Finanz- und Wirtschaftskrise. Die Rahmenbedingungen des Investmentmarktes sowie Finanzierungskosten und -bedingungen wurden grundlegend verändert. Danach zogen sich die opportunistischen, leverage-gesteuerten Anleger (hohe Fremdkapitalfinanzierung, um die Rentabilität des Eigenkapitals zu steigern) zurück und sicherheitsorientierte Anleger dominierten zunächst. Auf der Käuferseite gab es wieder vorwiegend Anleger mit einem hohen Eigenkapitaleinsatz. Als Resultat der veränderten Rahmenbedingungen schrumpfte laut BNP Paribas Real Estate (2021, S. 1) das Transaktionsvolumen von 80 Mrd. EUR (2007) bis auf gut 10 Mrd. EUR (2009).

Nach dem Tiefpunkt des Transaktionsvolumens folgte seit dem **Jahr 2009** ein langjähriger Aufschwung. Als Reaktion auf die Finanzkrise schafften die Notenbanken viel Liquidität mithilfe von Anleihekaufprogrammen und senkten die Zinsen massiv. Der Investmentmarkt profitierte von diesen anhaltend günstigen Rahmenbedingungen, auch indirekt durch die niedrigen Renditen für andere Assetklassen. Hinzu kam, dass die Investoren wieder risikobereiter wurden, nachdem sie direkt nach der Finanzkrise zunächst eher vorsichtiger agiert hatten. Durch die zusätzlichen Aktivitäten stiegen die Immobilienpreise, was die Attraktivität der Immobilien als Asset weiter erhöhte.

Dieser Aufschwung hielt bis zu der Coronakrise im **Jahr 2020** an. Die Pandemie hat die Aktivitäten der Marktakteure erheblich gestört. Das Transaktionsvolumen schrumpfte um fast 20 % gegenüber dem Vorjahr. So betrugen die Investments in Deutschland nur noch knapp 60 Mrd. EUR im Vergleich zum Vorjahr (75 Mrd. EUR); global fiel der Rückgang noch stärker aus.

Veränderungen der Rahmenbedingungen lösten jeweils Impulse für den Investmentmarkt aus. Diese Displacement-Effekte entstehen durch staatliche Maßnahmen oder durch exogene Schocks. Die wesentlichen Impulse für einen Aufschwung kamen in der Vergangenheit von staatlichen Änderungen der

Rahmenbedingungen, seien es Steuerreformen oder geldpolitische Maßnahmen. Hingegen sind Abschwünge oder Crashs auf exogene, nicht prognostizierbare Faktoren zurückzuführen: Dotcom- oder Subprime-Krise oder Corona-Pandemie. Jedoch gab es schon vor diesem Abschwung Stimmen, die aufgrund des vorangegangenen Preisanstiegs vor einem Rückgang gewarnt hatten.

Die Entwicklung der Immobilien-Investmentmärkte hat sowohl Auswirkungen als auch Ursachen bei den jeweiligen Marktergebnissen. Eine wachsende Nachfrage bewirkt einen Preisanstieg, der wiederum zur Folge hat, dass Immobilien als Asset interessanter werden und so die Nachfrage erneut steigt. Die bisherige Entwicklung der Marktergebnisse in Form der Kaufpreise und der Renditen wird in den nächsten beiden Unterkapiteln nachgezeichnet.

3.2 Kaufpreise

Die Preise für Immobilien werden auf dem Investmentmarkt zwischen Anbietern und Nachfragern ausgehandelt. Nach volkswirtschaftlicher Auffassung entspricht der Preis auch dem Wert einer Immobilie. Die Entwicklung der Kaufpreise für (private) Wohnimmobilien wird in der Abb. 3.2 und von Gewerbeimmobilien in der Abb. 3.3 dargestellt.

Die Daten der Abb. 3.2 für **Wohnimmobilien** stammen von der Deutschen Bundesbank und basieren auf Erhebungen der bulwiengesa AG.[2] Die Preisentwicklung wird in 125 Städten betrachtet. Die Preise der Wohnimmobilien stiegen nach der Wiedervereinigung zunächst deutlich an, da Wohnimmobilien u. a. aufgrund günstiger wirtschaftlicher Rahmenbedingungen und den Binnenwanderungen in den Städten verstärkt nachgefragt wurden. In diesen Jahren stiegen die Mieten stärker als die Preise an.

Erst mit einer Verzögerung konnte das Angebot auf die zunehmende Nachfrage reagieren, die in eine mehr als zehnjährige Phase der Marktstabilisierung mündete. Ab dem Jahr 2006 ist zunächst ein leichter Anstieg der Preise für Wohnimmobilien festzustellen, der sich ab 2010 deutlich beschleunigte. Auf der Angebotsseite gab es einen langjährigen, kontinuierlichen Rückgang der Fertigstellungen. Die Nachfrage entwickelte sich seit Mitte der 2000er Jahre dynamisch. Die Einkommen der Haushalte stiegen wieder stärker an und die Zuwanderungen

---

[2] Über die Preisentwicklung von Wohnungsportfolios liegen keine Daten vor. Weder vom Bundesinstitut für Bau-, Stadt- und Raumforschung (BBSR) noch von den Maklern werden Preisentwicklungen bei den Portfoliotransaktionen institutioneller Investoren veröffentlicht.

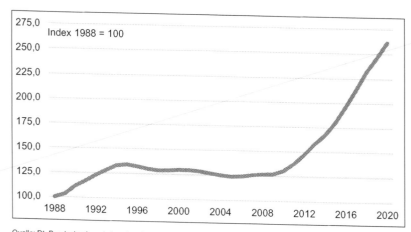

Quelle: Dt. Bundesbank nach Angaben der bulwiengesa AG; eigene Berechnung 1988 = 100
Wohnimmobilienpreisindex Deutsche Bundesbank / Eigentumswohnungen und Häuser insgesamt;
transaktionsbezogene Objekt- und Regionalgewichtung / Deutschland: Landkreise und kreisfreie Städte / Ursprungswerte
127 Städte

Abb. 3.2 Preisentwicklung von Wohnimmobilien. (Quelle: Deutsche Bundesbank 2021a)

in die Städte nahmen deutlich zu. Der Nachfrageüberschuss führte zu steigenden Preisen.

Auf dem **gewerblichen Wohninvestmentmarkt** ist ebenfalls ein langfristiger Preisanstieg festzustellen, wobei diese Daten nur sehr schwer zu interpretieren sind. Bei den Daten von z. B. Jones Lang LaSalle werden Verkäufe von Wohnungspaketen ab zehn Wohneinheiten, aber auch Studentenwohnheime oder Unternehmensanteile berücksichtigt. Hinzu kommt, dass nach Lage, Ausstattung und Größe der Pakete differenziert wird, sodass ein Vergleich nur bedingt aussagekräftig ist.

Abb. 3.3 zeigt die Entwicklung der **Gewerbeimmobilienpreise** für die sieben A-Städte. Diese basieren auf Angaben der bulwiengesa AG und werden von der Deutschen Bundesbank veröffentlicht.

Die Wiedervereinigung hatte anfangs zu deutlichen Nachfragesteigerungen geführt, wodurch es zu stark steigenden Neubauten und anschließenden Preisrückgängen kam. Der Dotcom-Boom sorgte dann wieder für steigende Preise, nach dem Crash waren insbesondere bei Büroimmobilien wiederum starke Preisrückgänge zu verzeichnen. Während in den Jahren von 2000 bis 2010

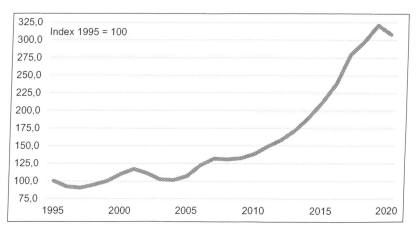

Quelle: Berechnungen der Deutschen Bundesbank nach Angaben der bulwiengesa AG
Gewerbeimmobilienpreisindex bulwiengesa AG / German Property Index,
Büro- und Einzelhandelsimmobilien, Wertänderungsrendite / 7 Großstädte (A-Städte) –
eigene Berechnung / Ursprungswerte

Abb. 3.3 Preisentwicklung von Gewerbeimmobilien. (Quelle: Deutsche Bundesbank 2021b)

stärkere zyklische Schwankungen auftraten, stiegen die Preise danach bis 2020 kontinuierlich deutlich an.

Bei Einzelhandelsimmobilien war ein stetiger Wertzuwachs ab 2004 zu verzeichnen. Bei Büroimmobilien zeigten sich hingegen Schwankungen infolge des Finanzmarktbooms und der anschließenden Krise. Ab dem Jahr 2010 stiegen besonders die Preise von Büroimmobilien, die sich mehr als verdreifachten.

Im Jahr 2020 zeigte sich eine differenzierte Entwicklung. Die Preise für Büroimmobilien stagnierten aufgrund der Pandemiefolgen. Bei den Einzelhandelsimmobilien sanken erstmals die Preise als Folge des steigenden E-Commerce, der sich bis dahin nur belastend auf die Mieten ausgewirkt hatte.

Sowohl bei den Wohn- als auch Gewerbeimmobilienmärkten fällt die sehr **unterschiedliche Entwicklung von Preisen und Mieten** auf. Die Preise stiegen seit ungefähr 2010 wesentlich schneller als die Mieten. Auf dem Wohnungsmarkt erhöhten sich die Mieten um rund 50 %, die Kaufpreisen verdoppelten sich hingegen. Bei den Gewerbeimmobilien sind ähnliche Trends festzustellen. Bei den Büroimmobilien fällt der Unterschied außergewöhnlich hoch aus: Die Mietsteigerung von rund 40 % ist viel geringer als die Preissteigerung um das Dreifache.

Der Unterschied bei den Einzelhandelsimmobilien fällt geringer aus. Die Mieten stiegen aufgrund des E-Commerce nur um rund 15 %, während sich die Preise verdoppelten.

Bei allen Objektarten ist nach einer Phase des Gleichlaufs seit dem Jahr 2010 eine teilweise stark divergierende Entwicklung festzustellen. Das ist auf die unterschiedlichen Werttreiber von Mieten und insbesondere Preisen zurückzuführen Kap. 4.

3.3   Renditen und Faktoren

Die **Rendite** ist eine wichtige Kennziffer, um den Erfolg eines Immobilieninvestments zu messen und zu beurteilen. Investoren, die eine Immobilie wieder verkaufen, orientieren sich an der Gesamtkapitalrendite, die sich aus der Wertänderungsrendite und der Anfangs- oder Cashflow-Rendite ergibt. Bestandshalter hingegen messen ihren Anlageerfolg mithilfe der Anfangsrendite. Diese findet sich auch in den Maklerberichten wieder.

Die **Wertänderungsrendite,** auch Capital Growth genannt, beschreibt, wie sich der Wert einer Immobilie oder eines -portfolios innerhalb einer bestimmten Zeitperiode verändert hat. Dabei wird der Unterschiedsbetrag zwischen dem eingesetzten Kapital und dem realisierten Veräußerungserlös betrachtet, jedoch nicht die laufenden Zahlungsströme.

Für die **Anfangsrendite oder Cashflow-Rendite** wird der laufende Cashflow ins Verhältnis zum Preis gesetzt. Dazu werden im Wesentlichen zwei Konzepte angewendet. Die Netto-Anfangsrendite ist der Quotient aus der Jahresmiete abzüglich der Bewirtschaftungskosten (Jahresnettokaltmiete) und dem Marktwert zuzüglich der Anschaffungsnebenkosten. Bei der Brutto-Anfangsrendite werden die Nebenkosten nicht berücksichtigt.

Von 1995 bis 2005 gab es, wie in Abb. 3.4 dargestellt, eine weitgehend gleichförmige Entwicklung von Preisen und Mieten bei Gewerbeimmobilien, sodass die Anfangsrendite keine großen Schwankungen aufwies. Während des Immobilienbooms führte die hohe Nachfrage nach Immobilien in den Großstädten zu stark steigenden Preisen, die im Vergleich zu den Mieten überdurchschnittlich ausfielen. Das ließ die Rendite entsprechend stark zurückgehen. Nach einer kurzen Korrekturphase setzte eine anhaltende Renditekompression („Yield Compression") ein, die bis 2020 andauerte.

Der **Faktor** (auch als Multiplikator oder Vervielfacher bezeichnet) ist ein weiterer Richtwert für viele Anleger. Der Faktor ist der Netto-Kaufpreis (d. h. ohne Erwerbsnebenkosten) durch die anfängliche Vertragsmiete p.a. (Ist-Miete). Der

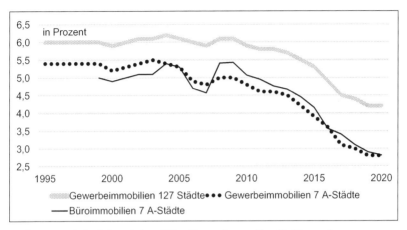

Quelle: Dt. Bundesbank Gewerbeimmobilien; Nettoanfangsrenditen für Büro- und Einzelhandelsimmobilien (Core-Objekte); Büro von JLL

Abb. 3.4 Nettoanfangsrendite. (Quelle: Jones Lang LaSalle verschiedene Jahrgänge)

Kehrwert des Faktors ergibt die Bruttoanfangsrendite. Damit kann ein Investor beurteilen, ob eine Immobilie zu einem akzeptablen Kaufpreis angeboten wird.

Der Faktor weist die spiegelbildliche Entwicklung zur Rendite auf. Die Abb. 3.5 zeigt die Entwicklung für Eigentumswohnungen in verschiedenen regionalen Abgrenzungen. Nach der Finanzkrise stieg das Verhältnis von Kaufpreis zu Jahresmieten aufgrund des gewachsenen Investoreninteresses insbesondere in den Großstädten sehr stark an. Je mehr regionale Bereiche einbezogen werden, desto geringer fällt der Anstieg aus.

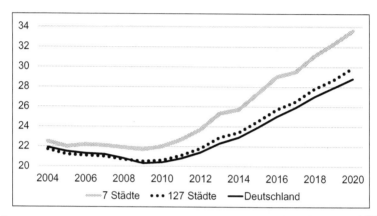

Quelle: Dt. Bundesbank; Vervielfacher Kaufpreis/Jahresmietsverhältnis von Eigentumswohnungen

Abb. 3.5 Faktor/Vervielfacher für Eigentumswohnungen. (Quelle: Deutsche Bundesbank 2021c)

Literatur

BNP Paribas Real Estate (2021) Investmentmarkt Deutschland – At a Glance Q4 2020, https://www.realestate.bnpparibas.de/marktberichte/investmentmarkt/deutschland-at-a-glance. Zugegriffen: 18.01.2021

Deutsche Bundesbank (2021a) Wohnimmobilienpreisindex Deutsche Bundesbank – lange Zeitreihe, eigene Berechnung, https://www.bundesbank.de/dynamic/action/de/statistiken/zeitreihen-datenbanken/zeitreihen-datenbank/759778/759778?listId=www_s300_woimlang. Zugegriffen: 18.03.2021

Deutsche Bundesbank (2021b) Gewerbeimmobilienpreisindex bulwiengesa AG, eigene Berechnung, https://www.bundesbank.de/dynamic/action/de/statistiken/zeitreihen-datenbanken/zeitreihen-datenbank/759778/759778?statisticType=BBK_ITS&listId=www_s300_wogewe&treeAnchor=KONJUNKTUR. Zugegriffen: 18.04.2021

Deutsche Bundesbank (2021c) Faktor: Kaufpreis/Jahresmietsverhältnis von Eigentums-wohnungen in Deutschland, eigene Berechnung, https://www.bundesbank.de/dynamic/action/de/statistiken/zeitreihen-datenbanken/zeitreihen-datenbank/759778/759778?statisticType=BBK_ITS&listId=www_s300_iswi_preise4&treeAnchor=INDIKATOR. Zugegriffen: 18.03.021

Jones Lang LaSalle (verschiedene Jahrgänge) Investmentmarkt, https://www.jll.de/de/trends-and-insights/investoren

Relevante Werttreiber am Immobilien-Investmentmarkt

Im Folgenden werden die relevanten Werttreiber des Immobilien-Investmentmarktes auf Basis der Analyse der Strukturen und der empirischen Entwicklungen identifiziert. Dabei spielt insbesondere auch die starke Diskrepanz zwischen der Miet- und der Preisentwicklung seit der Finanzkrise eine wesentliche Rolle. Dazu werden zwei Faktoren betrachtet: Zum einen diejenigen, die Vermietungs- und Investmentmärkte gleichmäßig betreffen und zu einer ähnlichen Entwicklung führen. Zum anderen gibt es Werttreiber, die zu den stärkeren Preissteigerungen führen. Diese Werttreiber kommen aus dem Investmentmarkt selbst und sind Veränderungen der Rahmenbedingungen.

Der „**Wert**" einer Immobilie wird in den Fachdisziplinen unterschiedlich definiert. In der Volkswirtschaftslehre ist der Wert einer Immobilie gleich dem Preis, der auf dem Markt bezahlt wird. Der Preis ist definiert als die Wertschätzung des Marktes und damit der Geldbetrag, der beim Verkauf oder Kauf ausgetauscht wird.

In der Immobilienwirtschaft wird zwischen Preis- und Wertberechnungen unterschieden, was u. a. daran liegt, dass Immobilien nicht häufig auf dem Markt gehandelt, aber öfters bewertet werden. Verkaufspreise sind belegbare Daten, während es sich bei Schätzungen der Immobiliengutachter um hypothetische Preise handelt. Der Preis ist ein Maß dafür, was für eine Immobilie bezahlt wird, während der Wert ein Maß dafür ist, was die Immobilie wert sein könnte. Eine Immobilienbewertung ist der Versuch, einen möglichen Wert zu ermitteln, der auf dem aktuellen Markt erwartet werden kann, ohne dass dieses den Marktpreis darstellt. Trotz alternativer Definitionen und Herangehensweisen ist der Wert der zentrale Bezugspunkt, auf dem die meisten Bewertungen basieren.

Werttreiber (Value Driver) sind Einflussfaktoren auf dem Immobilien-Investmentmarkt und auf Zielgrößen wie den Wert. Die Begriffe Werttreiber

G. Vornholz, *Der Immobilien-Investmentmarkt*, essentials, https://doi.org/10.1007/978-3-658-36554-7_4

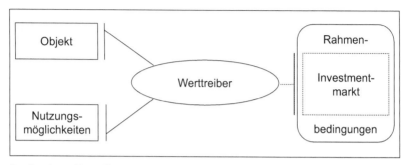

Quelle: eigene Darstellung

Abb. 4.1 Werttreiber. (Quelle: eigene Darstellung)

(oder auch Wertgeneratoren) stammen aus der Diskussion des Shareholder Value-Konzepts und bezeichnen alle Faktoren und Kenngrößen, die den Shareholder Value, also den Unternehmenswert erhöhen. Diese haben maßgeblichen Einfluss auf die wirtschaftlichen Ergebnisse eines Unternehmens und sollen diese verbessern bzw. steigern. Eine einheitliche Definition, was ein Werttreiber ist, gibt es in der Literatur nicht. Die Kenntnis über Werttreiber ist jedoch eine wichtige Komponente der erfolgreichen Steuerung von Immobilieninvestments.

Es existieren eine Vielzahl von Faktoren bzw. Werttreibern, die sich direkt und indirekt auf den Investmentmarkt und damit auch auf die Immobilienwerte auswirken (s. Abb. 4.1). Im Folgenden wird zum einen zwischen Faktoren unterschieden, die sowohl auf dem Vermietungs- als auch auf dem Investmentmarkt sich auswirken. Dieses führt dazu, dass Mieten und Preise sich im gleichen Ausmaß ändern. Das wird in den Abschn. 4.1 und 4.2 analysiert.

Zum anderen werden die Werttreiber des Immobilien-Investmentmarktes und deren Rahmenbedingungen untersucht. Die finanzwirtschaftlichen Faktoren, die in Abschn. 4.3 analysiert werden, führen zu der unterschiedlichen Entwicklung von Preis- als Mietwachstum.

4.1 Objektbezogene Werttreiber

Die Erfolgsfaktoren und die nachhaltige Qualität eines Objekts haben eine wesentliche Bedeutung für den Wert einer Immobilie. Diese grundlegenden

Werttreiber wirken sich sowohl auf die Vermietbarkeit als auch auf die Verkaufspotenziale aus. Gute Standortbedingungen und eine hohe Gebäudequalität erhöhen die Chancen für die Vermietung und sind damit auch wertsteigernd. Die Auswirkungen auf Mieten und Preise bestehen in gleicher Weise, wodurch ein gleichförmiger Verlauf zu erwarten ist. Die objektbezogenen Faktoren werden unterteilt in Standortqualität, Gebäudequalität, Flexibilität/Fungibilität bei der Nutzung, Wettbewerbsfähigkeit der Immobilie und Nachhaltigkeit.

Der **Standort einer Immobilie** ist einer der wichtigsten Faktoren. Eine gute Standortqualität zeichnet sich durch eine gute Makrolage aus und auf der Mikroebene sollen die Faktoren nutzungsabhängig und angemessen sein. Bei der Standort- und Marktanalyse bildet der Makrostandort die weitere Umgebung eines Objektes ab; vielfach werden als Hilfsgrösse der Kreis bzw. die Stadt genommen. So stärken Verkehrsinfrastruktur und kulturelle Infrastruktur, das Image der Region oder das Verwaltungsklima das Interesse der Investoren. Dabei ist nicht nur die aktuelle Situation des Makrostandortes zu beurteilen, sondern insbesondere dessen Potenziale.

Die Qualität eines Standortes ist abhängig von der Objektart (Büro, Einzelhandel oder Wohnen). Bei Wohnungen ist es beispielsweise die Nähe zu zukunftsträchtigen Arbeitsplätzen oder Nahversorgern oder zur ärztlichen und schulischen Infrastruktur. Neben den Makrostandortfaktoren beeinflusst auch der Mikrostandort den Wert einer Immobilie. Auch diese Faktoren unterscheiden sich je nach Objektart, so wirkt sich z. B. bei Einzelhandelsobjekten eine gute Erreichbarkeit und ausreichender Parkraum wertsteigernd aus.

Bei **Gebäuden** ist eine gute Bauqualität inklusive der verwendeten Baustoffe und Materialien wesentlich. Dabei ist ein günstiges Verhältnis von Nutz- zu Verkehrsflächen anzustreben. Durch eine hohe Funktionalität des Gebäudes kann eine lange Nutzungsdauer erreicht werden.

Bei der technischen Ausstattung sind Energieeffizienz und die Beachtung der Bewirtschaftungskosten wichtige Fakten, da die Mietnebenkosten zu einer hohen Belastung für den Mieter führen können.

Die **Flexibilität bzw. Fungibilität,** die auch eine Folge der Gebäudequalität ist, spielt in der Nutzungsphase einer Immobilie eine zunehmende Rolle. Grundlegend sind effiziente und flexible Grundrisse, die eine Anpassung an veränderte Rahmenbedingungen und Nutzungsanforderungen erlauben. Derartig ausgestattete Immobilien sind für Mieter attraktiv und es lässt sich eine gute Drittverwendung erreichen. Nutzungsänderungen sollten grundsätzlich möglich sein, jedoch sind diese Potenziale eher begrenzt. Ein Studierendenapartmenthaus könnte beispielsweise in ein Hotel oder Altenheim umgewandelt werden.

Im Bürogebäude sollte eine flexible Arbeitsplatzgestaltung und damit eine Anpassung an neue Arbeitsmodelle möglich sein.

Die **Wettbewerbsfähigkeit einer Immobilie** ergibt sich aus dem Standortfaktor und der Gebäudequalität, die sich in der Höhe der Miete widerspiegeln. Darüber hinaus achten die Mieter auch auf die Höhe der Bewirtschaftungskosten sowie qualitative Faktoren in den Mietverträgen, welche Incentives wie mietfreie Zeiten gewährt werden oder welche zusätzlichen Leistungen (z. B. Renovierung) vom Mieter aufzubringen sind.

Eine wettbewerbsfähige Immobilie weist heute üblicherweise eine Nachhaltigkeits-Zertifizierung auf. Die **Nachhaltigkeit** hat sich zu einem wesentlichen Werttreiber bei Immobilien entwickelt, wobei dies üblicherweise durch eine Zertifizierung dokumentiert wird. Analysen wie die von Jones Lang LaSalle (2021) belegen, dass die Nachhaltigkeitszertifizierung nicht nur an Bedeutung gewonnen hat, sondern auch positive Effekte für die Mietentwicklung hat. Die entsprechenden Mietaufschläge bei einem zertifizierten Objekt haben auch sofort einen positiven Einfluss auf den Wert einer Immobilie. Nachhaltigkeit lässt somit eine höhere Wertbeständigkeit erreichen.

4.2 Nutzungsmöglichkeiten als Werttreiber

Ein weiterer Werttreiber, der üblicherweise für einen Gleichklang von Preis- und Mietentwicklung sorgt, ist die Entwicklung auf dem Vermietungsmarkt. Die potenziellen Nutzungsmöglichkeiten einer Immobilie spiegeln sich in den Vermietungspotenzialen wider. So lassen sich Immobilien, die vielfältige Nutzungsmöglichkeiten bieten, besser vermarkten und damit mehr Nachfrage generieren, was c. p. höhere Mieten bedeuten.

Das Geschehen auf den Vermietungsmärkten hängt von verschiedenen Faktoren ab, die in unterschiedlichem Ausmaß für die verschiedenen Objektarten gelten.

Der **Staat** legt die Rahmenbedingungen für die Immobilienmärkte fest. Im Rahmen der gesetzlichen Regelungen können Anbieter und Nachfrager agieren. Insbesondere der Wohnungsmarkt ist hiervon betroffen, Mietregulierungen wirken sich direkt auf die Mietpreise und damit auch auf das Verhalten der Marktakteure aus.

Von der **wirtschaftlichen Entwicklung** und der Wirtschaftskraft (BIP-Höhe) kann die Nachfrage profitieren. Wirtschaftliche Faktoren sind die Verfügbarkeit von Arbeitsplätzen und als Folge das Lohn- und Gehaltsniveau. Bei Büroimmobilien hängt die Nachfrage entscheidend von der Entwicklung der

Bürobeschäftigung ab, die vom Wirtschaftswachstum bestimmt wird. Das im Wirtschaftsprozess entstandene Einkommen wirkt sich auf die Wohnungsnachfrage und die Nachfrage im Einzelhandel aus. Höhere Mieten und geringere Leerstände sind die Folge wirtschaftlicher Prosperität.

Die **demografische Entwicklung** zeigt sich in Deutschland durch eine stagnierende bzw. langfristig schrumpfende Bevölkerungszahl und eine älter werdende Bevölkerung. Betroffen sind besonders die Wohn- und Einzelhandelsimmobilienmärkte, da sich die Nachfrage den demografischen Veränderungen anpasst.

4.3 Investmentmarkt als Werttreiber

4.3.1 Rahmenbedingungen

Die Rahmenbedingungen bestimmen die Perspektiven des Immobilien-Investmentmarkts. Veränderungen können für den Markt wie ein exogener Schock (Displacement-Effekt) wirken oder sich langfristig bemerkbar machen. Änderungen der grundlegenden Rahmenbedingungen führen bei den Marktakteuren zu Reaktionen, die nachhaltige Veränderungen nach sich ziehen können. Die wirtschaftliche, politische, rechtlichen (insbesondere steuerlichen) Rahmenbedingungen können die Investitionsentscheidung beeinflussen.

Einen maßgeblichen Einfluss hat die **Geldpolitik der Zentralbanken.** Die Geldpolitik umfasst sowohl zinspolitische als auch liquiditätspolitische Maßnahmen. Diese wirken nicht nur auf die konjunkturelle Entwicklung und damit auf ihr eigentliches Ziel, sondern auch auf die Immobilienwirtschaft.

In der Vergangenheit zeigte sich, dass die Geldpolitik als Reaktion auf (globale) Rezessionen eingesetzt wurde. Zur Krisenbekämpfung hatten die Zentralbanken weltweit sowohl nach der Dotcom-Krise als auch nach der Finanz- und Wirtschaftskrise 2008/09 eine sehr expansive Geldpolitik verfolgt. Durch die hohe Liquidität verbunden mit niedrigen Zinsen kam es zu starken Kapitalzuflüssen auf den Anlagemärkten („Liquidity Hurricane") und einem entsprechenden Boom. Dies hat die Investoren veranlasst, nach neuen Anlagemöglichkeiten zu suchen. Aufgrund des niedrigen Zinsniveaus bei den Staatsanleihen und der relativ geringen langfristigen Performanceaussichten auf anderen Finanzmärkten gerieten Immobilien in ihr Blickfeld. Immobilien weisen im Vergleich zu anderen Investments immer noch relativ hohe Renditen sowie positive Spreads zu Anlagealternativen auf.

Eine weitere Ursache für die dynamische Entwicklung stellt die zunehmende **Verzahnung von Immobilien- und Finanzmärkten** dar, die für weitere Dynamik auf den Investmentmärkten sorgte. In der Vergangenheit nutzte die Immobilien-branche den monetären Sektor vorwiegend zur Beschaffung von langfristigem Fremdkapital für Objektfinanzierungen. Durch die Liberalisierung des Finanz-sektors wurden neue Finanzprodukte für die Finanzierung von Immobilien und für die Refinanzierung der Banken eingeführt. So gibt es heute auf dem Finanz-sektor ein deutlich höheres Angebot an indirekten Immobilienanlagealternativen wie Verbriefungen (Asset Backed Securities) oder Real Estate Investment Trusts (REITs) sowie neuer Finanzmarktprodukte mit dem Bezugsobjekt Immobilie (z. B. Zertifikate oder Derivate).

Ebenfalls war die **Etablierung der Assetklasse „Immobilie"** am Finanzmarkt für die Immobilienbooms verantwortlich. Zuvor waren die Investoren vorwiegend Bestandhalter, welche die Immobilien als langfristige Kapitalanlage ansahen. Sie kamen zumeist aus der Immobilienbranche. Wertbestimmend für eine Immobilie war maßgeblich der Vermietungsmarkt.

Später entdeckten Investoren die Immobilie als eine neue Anlageform neben den klassischen Investmentformen wie beispielsweise Aktien oder Wertpapiere. Vor allem internationale, opportunistisch ausgerichtete Investoren sahen in Immo-bilien eine lukrative Anlage und versprachen sich neben einem stabilen Cashflow vor allem hohe, kurzfristige Wertsteigerungen.

Änderungen von Rahmenbedingungen können aber auch zu Fehlinvestitionen und gegebenenfalls zu Fehlentwicklungen mit Auswirkungen auf das gesamte Marktsegment führen. Es kann dazu kommen, dass nicht mehr die nachhaltige Qualität der Immobilie als wesentliches Investitionskriterium im Vordergrund steht.

4.3.2 Markt

Die Entwicklung der letzten Jahre hat dazu geführt, dass die Immobilien-Investmentmärkte zunehmend durch die Entwicklung auf den Finanzmärkten bestimmt werden. In gleicher Weise, wie die Finanzmärkte an Bedeutung gewon-nen haben, ist der Einfluss der Vermietungsmärkte auf die Marktentwicklung der Investmentmärkte zurückgegangen.

Der wesentliche Werttreiber war seit der Finanzkrise der Immobilien-Investmentmarkt. Hier wird der Wert, d. h. der Preis, einer Immobilie bestimmt. Der Preis ist ein Vielfaches (Faktor) der Miete. Während bis zu der Finanzkrise 2008/09 ein über einen längeren Zeitraum ein etwa konstanter Wert für den Faktor gegeben war, ist dieser seitdem sehr stark angestiegen.

Das Marktgeschehen und damit auch die Wertentwicklung von Immobilien hängen vom Verhalten der Marktakteure ab. Die Investoren orientieren sich an verschiedenen Faktoren. Die Liquidität der Marktteilnehmer sowie Rendite-Spreads spielen bei der Auswahl der Anlageform eine wichtige Rolle. Institutionelle Investoren haben eine Vielzahl von Anlagemöglichkeiten, wobei Immobilien nur eine Alternative sind. Hier sind vor allem die jeweiligen Portfoliostrategien der Akteure angesprochen.

Die **internationalen Investoren** sind ungefähr für die Hälfte des Transaktionsvolumens verantwortlich und bestimmen wesentlich die Entwicklung. Sie treten sowohl als Anbieter als auch als Nachfrager auf und gaben in den vergangenen Jahren bedeutende Impulse für den Marktaufschwung.

Literatur

Jones Lang LaSalle (2021) Nachhaltigkeitszertifikat als Werttreiber? Empirische Erhebung und Szenarien zum Werteinfluss bei Bürogebäuden, o. O.

Perspektiven des institutionellen Immobilien-Investmentmarktes

5

Die zukünftige Entwicklung des Immobilien-Investmentmarktes wird auf der einen Seite durch kurzfristige Trends bestimmt, die zu unregelmäßigen und zyklischen Schwankungen führen. Auf der anderen Seite wirken sich langfristige grundlegende Trends aus, auch Megatrends genannt. Einige der Megatrends beeinflussen vornehmlich das Wachstum des Marktes, andere vor allem dessen Struktur.

5.1 Kurzfristige Trends – Investmentzyklus

Die Immobilien-Investmentmärkte sind besondere anfällig für spekulative, sich selbst verstärkende Effekte, die über längere Zeit anhalten und zu erheblichen Marktübertreibungen oder Preisblasen führen können. Diese werden als Investmentzyklen bezeichnet. Der Impuls für den Beginn eines neuen Zyklus kommt üblicherweise von außerhalb des Marktes ebenso wie exogene Störungen für das Ende verantwortlich sind. Temporär stabile Preise bilden die Ausnahme und Preisschwankungen den Normalfall.

Bei einer dynamischen Betrachtung schwanken die Preise im Zeitverlauf, wenn es zu Änderungen auf der Angebots- und Nachfrageseite kommt oder sich Rahmenbedingungen und Einflussfaktoren ändern. Marktzyklen entstehen auch aufgrund des Verhaltens der Investoren. In Rezessionen prägt die Angst vor einem weiteren Abschwung ihr Verhalten. Im Aufschwung dagegen steigen die Risikobereitschaft und die Gier.

Nach dem Modell zur **Erklärung von Preisblasen** von Hyman Minsky und Charles Kindleberger werden bei dem typischen Ablauf eines Investmentzyklus fünf charakteristische Phasen unterschieden. Dieses Modell wird hier verwendet,

© Der/die Autor(en), exklusiv lizenziert durch Springer Fachmedien Wiesbaden GmbH, ein Teil von Springer Nature 2022
G. Vornholz, *Der Immobilien-Investmentmarkt,* essentials,
https://doi.org/10.1007/978-3-658-36554-7_5

um die Preisentwicklung auf dem Investmentmarkt für Immobilien zu erklä-
ren. Preisanstiege können auf reale Knappheiten und nicht nur auf Spekulation
basieren, sodass nicht jede Entwicklung zur Bildung einer spekulativen Blase
führt.

Am Startpunkt des Zyklus steht ein **exogener Schock** oder Displacement-
Effekt, der grundlegende Veränderungen anstößt. Es kommt zu steigender
Nachfrage und höheren Preisen. In dieser ersten Phase engagieren sich vor
allem risikoorientierte Anleger. Der deutsche Immobilien-Investmentmarkt ist
von solchen Ereignissen geprägt: die Wiedervereinigung Deutschlands mit der
Sonder-AfA in den 1990er-Jahren, der New-Economy-Boom um die Jahrtau-
sendwende, dem Finanzmarktboom bis 2007 und die Niedrigzinsphase seit dem
Beginn der Finanz- und Staatsschuldenkrise.

Im Anschluss an die Veränderungsphase kommt es zum **Boom,** in der neue
Gewinnmöglichkeiten immer mehr Anleger anlocken. Diese sind der Überzeu-
gung, dass die Immobilienpreise weiter steigen. Dadurch nimmt die Nachfrage
überproportional zu und der Boom verschärft sich mit weiter steigenden Preisen.

Im dritten Stadium der **Euphorie** überhitzen die Märkte. Die Marktteilnehmer
haben sehr optimistischen Zukunftserwartungen und gehen von einem Szenario
mit dauerhaft steigenden Immobilienpreisen aus. Dies führt zu einer Zunahme
spekulativer Geschäfte, die Anlagen werden häufig lediglich zum Zweck des
späteren Verkaufs zu einem höheren Preis getätigt.

In der vierten Phase kommt es zur **Krise bzw. Umschwung.** Erreicht die
Investment-Euphorie seinen Höhepunkt, werden die Ersten nicht mehr bereit sein
zu kaufen oder beginnen, aus dem Markt auszusteigen, um Gewinne zu realisie-
ren. Es setzt eine allgemeine Ernüchterung angesichts der Erkenntnis zu hoher
Preise ein, die den fundamentalen Wert der Anlage nicht mehr widerspiegeln.

In der letzten, fünften Phase treibt die **Panik** sich mit wachsendem Momentum
selbst an. Nun wollen Anleger den Markt wieder verlassen und aus ihren Investments aussteigen. Der Rückgang der Preise kann sich unterschiedlich gestalten.
So kann es durch fehlende Spekulation zu einem raschen Absturz wieder auf
das fundamentale Niveau kommen. Eine zweite Möglichkeit ist, dass das hohe
Niveau zunächst gehalten wird und erst später einbricht. Bei der dritten Variante
gibt es wegen des heterogenen Verhaltens der Anleger zuerst einen allmählichen
Rückgang und dann erst den Crash.

Der Investmentzyklus birgt besondere Risiken für die Anleger. Wird ein Investment zum „falschen" Zeitpunkt getätigt, also z. B. auf dem Höhepunkt eines
Zyklus, ist ein kurzfristiger Verkauf nur bei Preiszugeständnissen möglich und es
kommt zu Wertverlusten.

5.2   Langfristige Einflussfaktoren – Megatrends

Die langfristigen Entwicklungen eines Marktes werden von ebenfalls langfristigen Einflussfaktoren bzw. den Megatrends beeinflusst. Megatrends sind große soziale, ökonomische, politische und technische Veränderungen. Ein Megatrend wird fundamental und grundlegend das Angebot und die Nachfrage nach Immobilien beeinflussen und kann ein Werttreiber bei Immobilien sein.

Langfristige Trends und Megatrends eignen sich, um Veränderungen auf dem Investmentmarkt zu erläutern und mögliche Entwicklungen quantitativer und qualitativer Art abzuschätzen. In diesem Buch werden nur solche Trends analysiert, die absehbare und nicht rein zufällige Ereignisse sind. Für den Investmentmarkt waren es aber vor allem exogene, nicht absehbare Faktoren, die jeweils einen Abschwung bzw. Crash auslösten. Die Krise beim Dotcom-Boom, die Finanzmarktkrise oder das Coronavirus waren so nicht vorhersehbar.

5.2.1   Politische Einflussnahme

Der Immobilien-Investmentmarkt wird stark von politischen Entscheidungen geprägt. Der Staat setzt der Immobilienwirtschaft den politischen und rechtlichen Rahmen, greift aber auch selbst in das Marktgeschehen ein. Unterschieden werden zwei Bereiche staatlicher Wirtschaftspolitik: Ordnungspolitik und Prozesspolitik.

Auf der einen Seite setzt der Staat durch die **Ordnungspolitik** die rechtlichen Rahmenbedingungen für die Akteure des Marktes, innerhalb derer diese dann agieren können. Die Ordnungspolitik umfasst die grundlegenden Wirtschaftsgesetze (z. B. Eigentumsordnung) sowie gesetzliche Regelungen bei der Währungs- und Geldordnung. Ein freier Kapitalverkehr ist eine wichtige Voraussetzung für nationale und internationale Immobilieninvestments.

Auf der anderen Seite greift die Wirtschaftspolitik durch die **Prozesspolitik** direkt in das Marktgeschehen ein. Dadurch werden die wirtschaftlichen Prozesse und deren Ergebnisse beeinflusst und gesteuert. Ein wichtiger Faktor ist hier die Geldpolitik. Politische Entscheidungen sind vornehmlich Reaktionen auf gesellschaftliche oder wirtschaftliche Ereignisse.

In der Vergangenheit haben politische Entscheidungen immer wieder Einfluss auf das Geschehen auf dem deutschen Immobilien-Investmentmarkt genommen und damit wichtige Impulse ausgelöst, wie die Analyse des Marktes zeigt Kap. 3.

Grundlegende Veränderungen ergaben sich zum einen durch Veränderungen der Steuergesetze. Eine wichtige Rolle spielte die staatliche Förderung durch

Bauherren-Modelle in den 1980er Jahren sowie die Sonder-AfA in den 1990er Jahren nach der Wiedervereinigung. Ein weiteres Beispiel für staatliche Steuerpolitik sind die Veränderungen der Gesetze zu Share Deals, um Steuerersparnisse zu verhindern. Weiterhin werden Ermäßigungen bei der Grunderwerbssteuer diskutiert, die zu Impulsen für den Markt führen könnte.

Zum anderen wird der Immobilien-Investmentmarkt durch die Geldpolitik entscheidend beeinflusst. Eine Reaktion auf das Platzen der Dotcom-Blase und dem Ende des Finanzmarktbooms war die expansive Geldpolitik mit starkem Liquiditätswachstum und niedrigen Zinsen. Auch auf die Pandemie wird mit einer expansiven Geldpolitik reagiert. Durch diese staatliche Intervention soll das wirtschaftliche Wachstum gefördert werden, aber es sind auch wesentliche Impulse für den Immobilien-Investmentmarkt zu erwarten.

Zukünftig werden von der Politik weiter entscheidende Auslöser für die Entwicklung des Immobilien-Investmentmarktes kommen. Änderungen der politischen Grundlagen werden sich expansiv oder kontraktiv auf die Marktentwicklung auswirken. So wird der Markt durch staatliche Aktivitäten weitaus stärker beeinflusst als durch andere Einflussfaktoren. Die auslösenden Ereignisse wie auch die politischen Reaktionen sind nicht vorhersehbar, sie haben aber teilweise entscheidende Veränderungen zur Folge. Daher ist keine Prognose bei diesem Einflussfaktor möglich.

5.2.2 Globalisierte Finanzmärkte

Die Globalisierung insbesondere in Form der Entwicklung der Finanzmärkte ist ein weiterer Faktor für die Veränderung der Immobilien-Investmentmärkte. Die Marktentwicklung wird heute wesentlich durch den monetären Sektor sowie dessen Entwicklung und Anforderungen bestimmt. Ein Indikator für diesen Trend sind die internationalen Investoren, die zu einem wichtigen Teil der deutschen Investmentmärkte geworden sind.

Im Zeitverlauf kam es zu einer **zunehmenden Verzahnung** von Immobilien- und Finanzmärkten, die für weitere Dynamik auf den Investmentmärkten sorgte. Nach den internationalen Finanzmärkten veränderte die Globalisierung auch die Immobilien-Investmentmärkte. Ausgangspunkt der Entwicklung war der angelsächsische Raum, danach dehnte sich das nach Europa und Deutschland aus. Die Verbindung von Immobilien- und Finanzmärkten erfolgte u. a. im Rahmen des Real Estate Investment Bankings mit dem Angebot immer neuer Produkte.

Vorangetrieben wurde diese Entwicklung durch neue, international tätige **Finanzmarktakteure.** Deren Anzahl und Anteil am Gesamtvolumen hat, wie

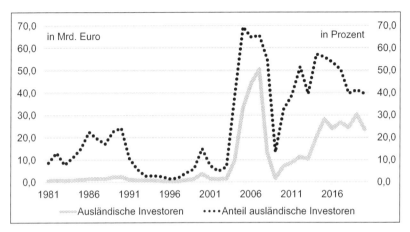

Quelle: bulwiengesa AG, RIWIS-Datenbank, BNP Paribas Real Estate, 2021

Abb. 5.1 Internationale Investoren. (Quelle: bulwiengesa AG, BNP Paribas Real Estate 2021)

die Abb. 5.1 zeigt, stetig zugenommen, wenn auch mit deutlichen zyklischen Schwankungen. Im Zuge der Globalisierung haben Investoren mit ihren vielfältigen Strategien einen größeren Bedarf an Finanzierungen mit unterschiedlichen Volumina und Strukturen. Vor allem internationale, opportunistisch ausgerichtete Investoren sahen in Immobilieninvestitionen eine lukrative Anlage und versprachen sich neben einem stabilen Cashflow vor allem hohe und kurzfristige Wertsteigerungen.

In Kombination mit Globalisierungsprozessen wirkte sich auch hier die zunehmende Bedeutung der Assetklasse Immobilien für internationale Anleger aus. Die Immobilie etablierte sich als **globale und fungible Assetklasse.** Es setzte sich eine veränderte Sichtweise auf Immobilien als Anlagevehikel durch. Zuvor erfolgten Immobilieninvestments vor allem mit dem Ziel, die erworbenen Objekte langfristig zu halten; die typische Form der Finanzierung waren Hypothekendarlehen. Die modernen Anlagestrategien der vor allem internationalen Immobilieninvestoren orientieren sich zunehmend an den Erfordernissen der Finanzmärkte. Das Asset Immobilie wird nun finanzmarktorientiert gemanagt (buy-and-sell- oder buy-and-manage-Strategie) statt diese als Bestandsimmobilien zu verwalten. Damit entwickelte sich das Bewusstsein für die Potenziale der Assetklasse relativ spät, ursprünglich dominierten auf Sicherheit und Langfristigkeit bedachte inländische Anleger.

Neue, immer differenziertere **Finanzprodukte** wurden für die Finanzierung von Immobilien und für die Refinanzierung der Banken eingesetzt. Die traditionelle Finanzierung wurde durch neue Finanzierungsformen, die aus dem Finanzmarkt stammen, ergänzt bzw. abgelöst. Hierzu zählen neue Angebote der indirekten Immobilienanlage mit Aktien bzw. mithilfe von REITs, die Verbriefung von gewerblichen Immobilienkrediten sowie deren originäre Finanzierung (Mortgage Backed Securities/MBS; Verbriefung). Darüber hinaus wurden neue Finanzmarktprodukte mit dem Bezugsobjekt Immobilie (z. B. Zertifikate oder Derivate) entwickelt. Immobilien wurden zu einer Anlagekategorie, die heute mit anderen Assets um das weltweit zur Verfügung stehende Kapital im Wettbewerb steht. War früher die Bonität des Kreditnehmers maßgeblich, steht heute vielfach nur die Ertragskraft der Immobilie im Mittelpunkt, da Immobilienfinanzierungen non-recourse (d. h. mit geringeren oder keinen Absicherungen) vergeben werden. Zur Besicherung dienen die Immobilien und die aus ihrer Bewirtschaftung erzielbaren Cashflows.

Zukünftig wird die Entwicklung der Immobilien-Investmentmärkte weiterhin von den globalen Finanzmärkten beeinflusst. Neue Impulse werden sowohl vom Wachstum der Finanzmärkte als auch von neuen Marktakteuren und neuen, innovativen Finanzprodukten kommen.

5.2.3 Wirtschafts-, Einkommens- und Vermögensentwicklung

Eine der grundlegenden Einflussfaktoren für den Immobilien-Investmentmarkt ist die globale Liquiditäts- und Vermögensentwicklung, die nachhaltig von der ökonomischen Entwicklung abhängt. Die Wirtschaft und deren Entwicklung bildet die notwendige Basis für den Immobilien-Investmentmarkt. Dabei wird der Markt eher indirekt von der Wirtschaftsentwicklung beeinflusst, gleichwohl wird in der Wirtschaft die Grundlage für die Investments gelegt.

Immobilien werden für den **Wirtschaftsprozess** benötigt und ebenfalls als Objekte auf dem Investmentmarkt gehandelt werden. Für die Produktion von Gütern und Dienstleistungen sind sowohl Produktionsimmobilien als auch Logistik- und Büroimmobilien notwendig. Die durch die Produktion erzeugten Einkommen werden konsumiert, sodass ferner Einzelhandels- und Wohnimmobilien benötigt werden.

Mit dem Wachstum der Wirtschaft steigen auch der Immobilienbestand und die entsprechende Nachfrage. Dies kann c. p. zu höheren Mieten und zu höheren

Preisen führen, was wiederum die Attraktivität von Immobilien als Anlage-alternative erhöht. Durch den Wirtschaftsprozess werden nicht nur Güter und Dienstleistungen erstellt, sondern auch Einkommen bzw. Vermögen geschaffen, die wiederum gespart und dann in den verschiedenen Assets angelegt werden können.

Der Investmentmarkt kann von dem steigenden **Einkommen** profitieren. Mit wachsendem Einkommen können die Haushalte mehr sparen, um ein Vermögen aufzubauen. Für die eher langfristig orientierten Anleger stellen Immobilien eine Anlagealternative dar.

Auch ein (globaler) Anstieg der **Vermögen** sorgt für Impulse für den Investmentmarkt. Kapitalanleger mit Vermögen sind auf der Suche nach Anla-gemöglichkeiten, und auch hier stellen Immobilien eine Alternative dar.

Der institutionelle Teil des Investmentmarktes profitiert davon, dass die priva-ten Haushalte teilweise nicht selbst Immobilien kaufen. Sie geben einen Teil ihres Einkommens und Vermögens z. B. an institutionelle Investoren wie Fonds oder legen dies in Immobilienaktien an. Weiterhin erhalten institutionelle Investoren von anderen Gesellschaften finanzielle Mittel, um diese in Immobilien zu inves-tieren. Ein Beispiel sind Versicherungen, Pensionskassen oder Stiftungen und Kirchen, die mithilfe von institutionellen Investoren in Immobilien investieren (Beispiel: Spezial-AIF).

Zukünftig wird die Realwirtschaft weiterhin die Basis für die Immobilien-Investmentmärkte bilden. Durch Wirtschaftswachstum bilden sich Einkommen und Vermögen, die auch weiterhin Impulse für die Immobilien-Investmentmärkte liefern können.

5.2.4 Nachhaltigkeit

Neben den traditionellen Zielen einer Kapitalanlage Abschn. 2.2.1 ist vermehrt das Ziel der Nachhaltigkeit (Sustainable Development) in den Fokus der Anle-ger gerückt. Diese berücksichtigen bei den Anlageentscheidungen inzwischen verstärkt ökologische und soziale Faktoren zusätzlich zu den ökonomischen Kri-terien. Die Veränderungen in der Gesellschaft, Politik und an den Finanzmärkten befördern Nachhaltigkeit zu einem wesentlichen Kriterium, das Marktteilnehmer am Immobilien-Investmentmarkt nicht mehr ignorieren oder vernachlässigen kön-nen. Am Finanzmarkt sind Investments nach Nachhaltigkeitskriterien, darunter auch nachhaltige Immobilien, gefragt.

Nachhaltig zertifizierte Immobilien haben sich daher in den letzten Jahren zunehmend zu einer bedeutenden Assetklasse bei Immobilienanlagen entwickelt.

(Vgl. JLL 2021) Der Anteil zertifizierter Gebäude am Transaktionsvolumen beträgt heute über 20 % und liegt damit über dem Ergebnis des Jahres 2008, in dem der Anteil lediglich bei gut fünf Prozent lag.

Institutionelle Investoren sehen verschiedene Trends zugunsten der Nachhaltigkeit. Zum einen gibt es eine stetige Veränderung der Nutzeranforderungen. Die zunehmenden Verpflichtungen zu „Net Zero" (Net Zero Carbon Emissions) oder Klimaneutralität von Unternehmen werden zu einem größeren zertifizierten Immobilienbestands führen. Zugleich steigt der Anteil der Käufer, die stark auf nachhaltige Investments konzentriert sind.

Zum anderen agieren die Investoren selbst bzw. reagieren auf gesetzliche Vorgaben. Anlagegesellschaften unterzeichnen die UN Principles for Responsible Investment (UN PRI) oder lassen die Investmentvehikel durch die Organisation Global Real Estate Sustainability Benchmark (GRESB) zertifizieren. Entsprechend der europäischen Offenlegungsverordnung vom März 2021 sind diverse Finanzmarktteilnehmer verpflichtet zu belegen, wie nachhaltig ihre Angebote sind.

Es sind aber nicht nur soziale Verantwortung oder gesetzliche Verpflichtung, die zu mehr Nachhaltigkeit führen; auch ökonomische Aspekte sprechen dafür. Es wird erwartet, dass mit nachhaltigen Immobilien langfristig mehr Einnahmen generiert werden können und dass die Betriebskosten niedriger ausfallen. Schließlich erwarten die Anleger auch, dass nachhaltige Immobilien trotz höherer Investitionskosten langfristig einen höheren Wert haben. Nach einer Studie von Jones Lang LaSalle (JLL 2021, S. 20) führt eine erwartet höhere Miete zu Wertaufschlägen von rund sieben Prozent für Immobilien in Top-Lagen. Die erhöhte Kapitalverfügbarkeit für nachhaltige Gebäude wird sich ebenfalls auf die Preise positiv auswirken. Gleichzeitig werden sich Gebäude, die nicht zertifiziert sind, zukünftig nur schwerlich vermieten lassen.

Zukünftig wird der Trend zu Investments in nachhaltige Immobilien anhalten. Institutionelle Investoren orientieren sich in ihren Immobilienportfolios zunehmend an Objekten mit Nachhaltigkeitszertifikaten. Die Investoren sehen ein großes Potenzial für das Emittieren von nachhaltigen Immobilienanlageprodukten. Dadurch wird zwar das gesamte Transaktionsvolumen nicht unbedingt steigen, aber die Anlagestruktur wird sich zugunsten nachhaltiger Immobilien verändern.

5.2.5 Weitere Einflussfaktoren

Die beiden folgenden Einflussfaktoren Demografie und Digitalisierung wirken sich eher indirekt aus und betreffen weniger das Volumen, sondern die Struktur des Immobilien-Investmentmarktes. Zur Vollständigkeit allgemein wichtiger Megatrends soll hier auf diese beiden Faktoren eingegangen werden.

5.2.5.1 Demografie

Die demografische Entwicklung ist vor allem bedeutend für das private Marktsegment des Immobilien-Investmentmarktes, jedoch nur von nachrangiger Bedeutung für den institutionellen Teil. Ein statistischer Zusammenhang zwischen der langfristigen demografischen Entwicklung und dem deutschen, institutionellen Immobilien-Investmentmarkt ist bislang nicht zu erkennen. Während die Bevölkerungsanzahl stagnierte und älter wurde, zeigte sich ein stark volatiler Verlauf der Transaktionen. Für die zukünftige demografische Entwicklung in Deutschland wird erwartet, dass die Bevölkerung langfristig schrumpft und altern sowie durch weitere Migration gekennzeichnet sein wird.

Eine stagnierende bzw. langfristig geringer werdende Bevölkerung wird nur bedingt Auswirkungen haben. Der Trend zu einer älter werdenden Bevölkerung wird sich wie bisher fortsetzen, ohne dass hiervon grundlegende Impulse zu erwarten sind. Nur wenn aufgrund von Problemen bei der Rentenversicherung die private Altersvorsorge noch wichtiger wird, könnten die institutionellen Investoren von der demografischen Entwicklung profitieren. Dies kann nur erfolgen, wenn die institutionellen Investoren die Vorsorgegelder erhalten, welche wiederum in Immobilien angelegt werden. Ein privater Kauf von Immobilien (direkt oder indirekt), der sehr viel stärker von dieser Art der Vorsorge profitiert, zählt nicht zu diesem Marktsegment.

Auch von der Migration und Urbanisierung profitiert vornehmlich der private Wohnimmobilien-Investmentmarkt. Institutionelle Marktteilnehmer werden nur erfasst, wenn ein Portfolio gekauft wird. Diese Transaktionen konzentrieren sich schon jeher auf städtische Regionen, da nur hier ein ausreichendes Angebot vorhanden ist.

Zukünftig sind keine großen Veränderungen für den Immobilien-Investmentmarkt durch den demografischen Wandel zu erwarten. Private Käufe von Wohnimmobilien werden hingegen profitieren, das institutionelle Marktsegment jedoch nur sehr bedingt.

5.2.5.2 Digitalisierung

Für das Wachstum und die Strukturveränderung des Immobilien-Investmentmarktes ist die Digitalisierung von nachrangiger Bedeutung. Gleichwohl ergeben sich einige Aspekte, die Einfluss auf den Markt nehmen. Für den Begriff Digitalisierung existiert keine eindeutige Definition. Ursprünglich war die Umwandlung von analogen Informationen in digitale Formate gemeint. Teilweise wird Digitalisierung als digitale Revolution bezeichnet, da sie zu gewaltigen Veränderungsprozessen führt. Für die institutionellen Investoren zeigt sich die Digitalisierung in neuen bzw. veränderten Geschäftsmodellen und Geschäftsprozessen.

Neue **Geschäftsmodelle** durch die Digitalisierung kommen von den Marktteilnehmern selbst oder werden mithilfe von PropTechs (Property und Technology) sowie vor allem FinTechs (Financial Services und Technology) entwickelt. Fin-Techs sind Unternehmen und Anwendungen, die auf die Digitalisierung von Finanzdienstleistungen setzen und neuartige Lösungen anbieten. Diese Real Estate FinTech-Unternehmen haben sich zum Ziel gesetzt, den Handel mit Immobilienanlagen zu erleichtern und den Finanzsektor durch innovative Finanzprodukte und Dienstleistungen zu revolutionieren. Dies kann für Bereiche wie Data Science oder Cloud-Computing gelten, aber auch neue Vertriebswege wie internetbasierte Transaktionsplattformen beinhalten. Außerdem sind neue Aktivitäten im digitalen Marketing möglich. Insgesamt sind diese Aktivitäten vorwiegend im privaten Marktsegment festzustellen, da sich hier mehr Effizienzvorteile bieten.

Die Digitalisierung betrifft vor allem die internen und externen **Geschäftsprozesse,** um Prozesskosten einzusparen. Die wesentlichen Veränderungen beim Investment sind langfristig nicht im Vertrieb, sondern in der Veränderung der Arbeitsprozesse in der Organisation (Bearbeitung und Verwaltung) – sogenannte Backoffice-Prozesse – zu sehen. Digitale Akten und die volle Integration des digitalen Datenflusses können zu einer integrierten Prozesskette sowohl bei den Transaktionen als auch bei der Finanzierung führen. Es kann aber auch zu einer verbesserten Vernetzung der Marktpartner kommen, da sich neue Möglichkeiten durch Netzwerke oder Plattformen ergeben. Diese Einsparungen können ebenfalls bei den gewerblichen Immobilien-transaktionen und -finanzierungen zum Tragen kommen – auch wenn die Abwicklungsprozesse der einzelnen Geschäftsvorfälle sehr heterogen und komplex sind.

Zukünftig wird die Digitalisierung weitere Fortschritte mit sich bringen. Abhängig von den Innovationen werden sich neue veränderte Geschäftsmodelle und Optimierungen bei den Geschäftsprozessen ergeben. Impulse für das Wachstum oder Strukturveränderungen des Marktes sind aber eher nur bedingt zu erwarten.

Literatur

Jones Lang LaSalle (JLL 2021) Nachhaltigkeitszertifikate als Werttreiber? https://www.jll. de/de/trends-and-insights/research/nachhaltigkeitszertifikat-als-werttreiber-werteinfluss-bei-buerogebaeuden. Zugegriffen: 05.05.2021

Fazit

6

Nach der mehr als 10-jährigen Aufschwungsphase der Immobilien-Investmentmärkte hat die Corona-Pandemie die Märkte nachhaltig beeinflusst. Dies erfordert eine Neubewertung der langfristigen Perspektiven. Dabei zeigt sich, dass die relevanten Werttreiber weiter stabil sind. Insbesondere von den Rahmenbedingungen des Marktes und speziell der Geldpolitik sind auch langfristig weitere Impulse zu erwarten. Auf den Immobilien-Investmentmärkten gibt es jedoch keinen stetigen, nach oben gerichtetem Trend, sondern eher zyklische Schwankungen.

Perspektivisch ist mit einer differenzierten Entwicklung zu rechnen. Kurzfristig bestimmen weiter Unsicherheiten die Investmentmärkte, sodass sich auch Korrekturen bei den Transaktionsvolumina und Preisen ergeben können. Langfristig kommen für das institutionelle Marktsegment positive Impulse von den Einflussfaktoren; entscheidend wird dabei die Zinsentwicklung und damit die Geldpolitik sein.

Was Sie aus diesem *essential* mitnehmen können

- der gewerbliche Immobilien-Investmentmarkt weist eine hohe Vielfalt auf, was die Investoren selbst, deren Strategien sowie die gehandelten Objekte betrifft
- der Markt weist eine stark zyklische und sehr volatile Entwicklung auf
- die Auslöser der Zyklen waren Änderungen der politischen Rahmenbedingungen, teils durch steuerliche Änderungen und teils durch geldpolitische Maßnahmen
- das Ende der Zyklen wurde verursacht durch exogene Schocks wie die Subprime-Krise oder die Corona-Pandemie
- die Werttreiber, die die Immobilienpreise beeinflussen, sind vielfältig. Dabei gibt es solche, die gleichzeitig Preise und Mieten beeinflussen und andere, die zu stärkeren Preis- als Mietsteigerungen führen
- die Perspektiven werden bestimmt durch kurzfristige Schwankungen und langfristige Einflussfaktoren
- die Pandemie hat zu einer Neubewertung des Marktes geführt. Grundsätzlich sind aber die Rahmenbedingungen für den Immobilien-Investmentmarkt intakt.

© Der/die Herausgeber bzw. der/die Autor(en), exklusiv lizenziert durch
Springer Fachmedien Wiesbaden GmbH, ein Teil von Springer Nature 2022
G. Vornholz, *Der Immobilien-Investmentmarkt*, essentials,
https://doi.org/10.1007/978-3-658-36554-7

Literatur

Gondring H (2012) Zukunft der Immobilie – Megatrends des 21. Jahrhunderts – Auswirkungen auf die Immobilienwirtschaft, Immobilien Manager Verlag, Köln

Gondring H (2013) Immobilienwirtschaft, Handbuch für Studium und Praxis, 3. Aufl. Vahlen, München

Rottke N, Thomas M (Hrsg.) (2012) Immobilienwirtschaftslehre, Bd. II, Ökonomie. Springer Gabler, Köln

Schulte K-W (Hrsg.) (2008) Immobilienökonomie, Bd. 4, Volkswirtschaftliche Grundlagen. De Gruyter, Berlin

Trübestein M (Hrsg.) (2012) Praxishandbuch Immobilieninvestments – Anlagevehikel, Märkte, Strategien in Deutschland und Österreich. Springer Gabler, Heidelberg

Vornholz G (2014) VWL für die Immobilienwirtschaft, 2. Aufl. De Gruyter, Berlin

Vornholz G (2017) Entwicklungen und Megatrends der Immobilienwirtschaft. De Gruyter, Berlin

Weiterführende Literatur

bulwiengesa AG RIWIS-Datenbank Immobilienindex

Colliers International, Deutschland Investment, S. 1; ältere Daten entstammen früheren Publikationen derselben Quelle. Zugegriffen: 19.03.2021

empirica ag Datenbank

EURAMCO Holding GmbH (2021) Glossar/Wissensdatenbank, https://www.euramco-asset. de/glossar/. Zugegriffen: 05.06.2021

gif Gesellschaft für Immobilienwirtschaftliche Forschung e. V. (2017) gif Glossar, https://www.gif-ev.de/gif-glossar.626/show/glossar. Zugegriffen: 09.06.2021

Jones Lang LaSalle JLL Research (2015) Immobilienmarkt/Definition, https://www.jll. de/content/dam/jll-com/documents/pdf/research/emea/germany/de/jll-research-definitio nen-extern-feb-2012.pdf. Zugegriffen: 09.06.2021

Rottke N (2011) Immobilieninvestition, in: Rottke N und Thomas M (Hrsg.), Immobilienwirtschaftslehre, Band I Management. Springer Gabler, Köln, S. 834 – 892

Scharmanski A (2009) Globalisierung der Immobilienwirtschaft, transcript Verlag, Bielefeld

Vornholz G (2016) Preisblasen auf Immobilienmärkten, in: ZfiFP Zeitschrift für immobilienwirtschaftliche Forschung und Praxis, Nr. 30 vom 12.02.2016, S. 4 – 10, https://www.adi-akademie.de/files/Publikationen/ZFIFP/ZfiFP_Ausgabe30_02-2016.pdf. Zugegriffen: 18.01.2021

Stichwortverzeichnis

A
Alternative Investmentfonds (AIF), 6
    Geschlossene Fonds, 7
    Offene Fonds, 7
    Spezialfonds, 7, 39
Anleger, 4
    institutionelle Investoren, 5, 6
    internationale Investoren, 13, 17, 30, 37
    private Investoren, 5, 10
    semiprofessionelle Investoren, 5, 9

C
Coronavirus, 18

D
Demografie, 29, 41
Digitalisierung, 42
Displacement-Effekt, 16, 18, 29, 34
Dotcom-Boom, 17, 19, 29, 36

F
Faktor, 22, 26, 30
Finanzmarkt, 29
Finanzprodukte, 38

G
Gebäudequalität, 27

Geldpolitik, 17, 29, 35
Geschäftsmodell, 42
Geschäftsprozess, 42
Gewerbeimmobilien
    Immobilienpreise, 20
Globalisierung, 36

I
Immobilien-Aktiengesellschaften, 7
Immobilienportfolio, 11, 17, 40
Investmentzyklus, 33

K
Kapitalanlagegesetz (KAGB), 5
Kapitalverwaltungsgesellschaft (KVG), 7

L
Lebenszyklus, 3

M
Magisches Dreieck der Kapitalanlage, 10
    Liquidität, 11
    Nachhaltigkeit, 11
    Rentabilität, 11
    Sicherheit, 11
Managementstrategien, 11, 37
Multiplikator, 22

N
Nachhaltigkeit, 11, 27, 28, 39
New Economy, 17

P
Preisblase, 17, 33

R
Real Estate Investment Banking, REIB, 36
Real Estate Investment Trusts, REITs, 8, 30
Renditen, 6, 12, 22
    Anfangsrendite, 22
    Cashflow-Rendite, 22
    Gesamtkapitalrendite, 22
    Wertänderungsrendite, 22
Rendite-Spreads, 31
Risikodiversifizierung, 12

S
Staat, Politik, 16, 28, 35
    Ordnungspolitik, 35

Prozesspolitik, 35
Standort- und Marktanalyse, 27

T
Transaktionstypen
    Asset Deal, 12
    Share Deal, 12, 36

V
Vervielfacher, 22

W
Wert, 19, 25, 26, 34
Werttreiber, 22, 25, 35
Wiedervereinigung, 19, 34
Wirtschaftsentwicklung, 28, 38

Y
Yield Compression, 22

Printed in the United States
by Baker & Taylor Publisher Services